Josef Römelt
Das Geschenk der Freiheit

Band 3 der Reihe „Spiritualität und Seelsorge“, die von
P. Martin Leitgöb und P. Hans Schalk im Auftrag der
Ordensgemeinschaft der Redemptoristen herausgegeben wird.

JOSEF RÖMELT

DAS GESCHENK DER FREIHEIT

CHRISTLICHER **GLAUBE** und MORALISCHE **VERANTWORTUNG**

Tyrolia-Verlag · Innsbruck-Wien

Mitglied der Verlagsgruppe „engagement“

Bibliografische Information Der Deutschen Nationalbibliothek
Die Deutsche Nationalbibliothek verzeichnet diese Publikation in der Deutschen Nationalbibliografie; detaillierte bibliografische Daten sind im Internet über http://dnb.d-nb.de abrufbar.

2011

Umschlaggestaltung: stadthaus 38, Innsbruck
Layout und digitale Gestaltung: Tyrolia-Verlag, Innsbruck
Druck und Bindung: FINIDR, Tschechien
ISBN 978-3-7022-3110-1
E-Mail: buchverlag@tyrolia.at
Internet: www.tyrolia-verlag.at

INHALT

VORWORT 9

EINLEITUNG
Freiheit als Geschenk? 11

VERTRAUEN IN DIE FREIHEIT UND IN DAS GESCHENK DES LEBENS – MUT UND OPTIMISMUS DER BIBEL 17

Größe und Grenzen der Freiheit –
Ethik des Alten Testamentes 19

Die Gottesbeziehung als Mitte 19
Geschenkte Identität 21
Gerechte soziale Beziehungen 25
Größe und Grenzen der Freiheit 27

Die Freiheit zur radikalen Liebe – Das Neue Testament . . 30

Endgültige Nähe Gottes 30
Gottes Handeln prägt das Handeln des Menschen . . 33
Eine äußerste Souveränität der Freiheit 34
Die bedingungslose Zusage, dass Freiheit und Leben gelingen können 36

ORIENTIERUNG AUS DER MITTE DES HERZENS – DAS GEWISSEN ALS KOMPASS DER FREIHEIT 41

Im Gewissen spricht die Vernunft 45
Im Gewissen sprechen die Mächtigen. 48
Im Gewissen spricht Gott 51
Das Gewissen hat unterschiedliche Schichten 55
Gewissen – der geduldige Weg der lernenden Freiheit . . 58

DEM LEBEN FESTIGKEIT GEBEN – DER BEFREIENDE SINN DER MORALISCHEN NORMEN 63

Freiheit ohne Normen?. 65
Die Ordnung der Natur 71
Normen und Gebote behindern, wenn sie einfach falsch sind 75
Freiheit als Verantwortung für die Normen und Verantwortung vor den Normen 78

SCHULDERFAHRUNG MUSS NICHT IMMER NUR BELASTEND SEIN – DER WEG ZUR REIFEN FREIHEIT UND VERANTWORTUNG 85

An der Schulderfahrung verzweifeln 87
Was heißt theologisch Erlösung und Befreiung von Schuld? 94
- Die Freiheit des Menschen 95
- Die Unfreiheit. 96
- Die Verweigerung gegenüber Gott. 98
- Das bedrückende Netz der Schuld und die Treue Gottes 99

Freiheit, die sich der Schuld stellt – Schritte der Aufarbeitung und Übernahme von Verantwortung heute . . 103
Verdrängen hat keinen Sinn 104
Über Schuld muss man sprechen dürfen 105
Das Geschenk der Bewältigung von Schuld und seine Schritte 106

SCHLUSS

Im Gebet das Geschenk der Freiheit erfahren 111

Quellennachweise. 115
Weiterführende Literatur. 117

Für Hilda und Erich Lanz
mit Benedikt, Barbara und Johannes

VORWORT

Der Gründer des Redemptoristenordens, Alfons von Liguori, musste schon in seiner Zeit, in der Welt des 18. Jahrhunderts, auf die Fragen nach der moralischen Orientierung und nach dem sinnvollen Gebrauch der Freiheit eine Antwort geben. Der erste Band der Reihe „Spiritualität und Seelsorge“ hat diese Zusammenhänge eingehend geschildert. In seiner wissenschaftlichen Auseinandersetzung und pastoralen Arbeit hat Alfons der Moraltheologie große Aufmerksamkeit gewidmet. Er hat ein sehr erfolgreiches Handbuch geschrieben und ein überaus ausgewogenes System der Ethik im Horizont des Glaubens entworfen, das besonders dem Gewissen einen großen Freiraum eingeräumt hat. So hat er für die damalige Gesellschaft und Kirche das christliche Verständnis der Freiheit in einem ganz tiefen Sinn erschlossen. Er ist deshalb zum Patron der Moraltheologen und Beichtväter geworden. Und daher ist die Auseinandersetzung mit den ethischen Fragen bis heute ein wichtiges Arbeitsfeld der Redemptoristen.

Darum darf in der Reihe „Spiritualität und Seelsorge“ ein Band nicht fehlen, der sich mit diesen Problemen auseinandersetzt. Dabei geht es um einen Zugang, der gerade die professionelle Reflexion der Ethik mit dem pastoralen Umgang in aktuellen Fragen der Moral zu verbinden sucht. Auch im Mittelpunkt dieser Überlegungen soll dabei – in Treue zum Lebenswerk des heiligen Alfons – die Freiheit stehen: das große Geschenk Gottes an den Menschen, das zu Vertrauen und

Übernahme von Verantwortung einlädt. Die vorliegenden Gedanken versuchen in diesem Sinne, grundlegenden Fragen der theologischen Ethik nachzugehen.

Josef Römelt
Erfurt, im Januar 2011

EINLEITUNG

FREIHEIT ALS GESCHENK?

Zur Freiheit hat uns Christus befreit.
Bleibt daher fest und lasst euch nicht von neuem ein Joch der Knechtschaft auflegen!
Gal 5,1

Ist die Freiheit ein Geschenk? Wenn man an die Wiedervereinigung Deutschlands denkt, an die Demonstrationen, Lichterketten und den Fall der innerdeutschen Mauer, an die Sehnsucht nach Freiheit, welche sich in dem Ruf „Wir sind das Volk" ausgedrückt hat, dann kann man nur aus vollem Herzen sagen: Ja! Freiheit ist ein großes und wunderbares Geschenk! Sie ist Ziel der tiefsten Träume menschlicher Lebensgestaltung, geradezu die Bedingung für ein erfülltes und menschliches Leben in Sicherheit und Glück!

Und doch ist die Freiheit auch eine schwere Aufgabe, eine Herausforderung. Nicht selten kann man den Seufzer hören: Wenn es doch nicht so viel Unordnung gäbe, so viel Chaos! Wenn sich Kinder und Jugendliche mehr an Regeln und Vorgaben hielten! Wenn in Wirtschaft und Politik moralische Maßstäbe wieder ernst genommen würden, dann wäre das Leben menschlicher und Verantwortung würde wieder großgeschrieben!

Freiheit ist so gesehen tatsächlich ein schwieriges Geschenk. Sie ist Voraussetzung für ein unbeschwertes und erfülltes Leben. Zugleich aber muss sie mit moralischer Fantasie und ethischem Ernst übernommen werden. Diese Gestaltung der Ethik jedoch ist heute zu einem Problem geworden. Viele Zeitgenossen ziehen sich gegenwärtig in diesem Punkt eher auf eine gewisse Resignation zurück, mit der sie im Leben zurechtzukommen versuchen, denn es ist so schwer, mit großen Idealen zu leben: sich zum Beispiel als Arzt, Krankenschwester oder Altenpfleger selbstlos um seine Patienten zu kümmern. Das wird häufig durch die komplizierten Fragen nach Wirtschaftlichkeit, durch die Ansprüche der Angehörigen des Kranken und die Bedürfnisse der eigenen Familie in der Praxis schwierig. Oder: Zwischenmenschliche Aufrichtigkeit erscheint fast schon veraltet, und Ehrlichkeit im Berufsleben wird oft als Dummheit verlacht.

Ist es nicht vielmehr so: Anstatt sich an große ethische Ziele und moralische Programme zu halten, geht es gegenwärtig eher darum, im Leben wendig genug zu sein, damit man Erfolg hat und auch für andere nicht allzu sehr zur Belastung wird. Freiheit scheint vor allem in dieser Wendigkeit zu bestehen. Wer zugibt, dass er nicht perfekt ist, wer die vielfältigen Chancen des Lebens heute für sich nutzt, der hat die Wirklichkeit auf seiner Seite und überanstrengt nicht die Möglichkeiten des realen Lebens. Großartige moralische Appelle lassen allzu schnell das Gefühl der Heuchelei aufkommen. Sie scheinen die Schwäche menschlicher Freiheit, die Bedürfnisse und die notwendige Befriedigung unzähliger Wünsche, auf die der Einzelne angewiesen ist, zu vergessen oder sogar zu verdrängen. Wie frei ist der Mensch in seinen persönlichen Beziehungen, in der Partnerschaft, in der Erziehung der Kinder tatsächlich? Kann man heute noch feste Freundschaft durchhalten? Vermag der Einzelne die Einflüsse von Radio und Fernsehen, von staatlicher Macht und globaler Wirtschaft noch zu durchschauen?

Kann man wirklich etwas mit seinem persönlichen umweltbewussten Verhalten zur Bewältigung der weltumspannenden ökologischen Krise beitragen? Gibt es Fairness im beruflichen Leben? Sind Kollegen nicht vielmehr Konkurrenten? Hat es einen Sinn, an ethische Ideale und moralisches Bemühen zu glauben? Kann man überhaupt tatsächlich „gut sein"?

Wer für diese Fragen eine hilfreiche Klärung sucht, der könnte pointiert sagen: Die Antwort, die der heilige Alfons auf die Sorgen seiner Zeit zu geben versuchte, hat auch heute noch ihre Gültigkeit. Der christliche Glaube war für ihn ein tiefer Halt mitten in den moralischen Konflikten und Auseinandersetzungen des Alltags. Und so brauchen wohl auch wir den christlichen Glauben, um Freiheit und Menschlichkeit wirklich angemessen zu entfalten. Denn der Glaube erschließt Ressourcen, die Verlässlichkeit und eine Heimat für die Seele schenken. Er ist nach dem Verständnis der Bibel die Mitte einer Freiheitsgestaltung und Ethik, die ganz von der Hoffnung getragen sind.

Hoffnung, das heißt: Die Schriften des Alten und Neuen Testamentes machen eine Einstellung zugänglich, die dem Leben fest vertrauen kann. Diese Einstellung hält selbst in den verwirrenden Widersprüchen des Alltags eine tiefe Zuversicht für den rechten Umgang mit den Möglichkeiten und Grenzen der Freiheit, für ein gelingendes Leben aufrecht (Kapitel: Vertrauen in die Freiheit und in das Geschenk des Lebens – Mut und Optimismus der Bibel). Die Sorgen und oft ganz harten Probleme des gewöhnlichen Tages sind damit nicht einfach gelöst, vergessen oder verdrängt! Aber diese Hoffnung macht Mut, sich moralisch trotz der oft heftigen Spannungen zu orientieren, ja, seinem Leben eine innere Ausrichtung zu geben, die realistisch ist und zugleich tief zufrieden und glücklich macht. Sie macht bewusst, dass jeder ganz tragende Fähigkeiten hat, die es ihm ermöglichen, mit seiner Freiheit in einem guten Sinne zurechtzukommen.

Zunächst ist das *Gewissen* auch heute die echte gestaltende Kraft zur menschlichen Lebensführung! Wir haben in unseren Herzen eine unbestechliche Stimme, die uns hilft und führt, unserem Leben eine tiefe Ausrichtung zu geben, von der wir überzeugt sind. Sie redet von wirklicher Menschlichkeit, Begegnung ohne falsche Verstellung, von gegenseitiger Zuwendung in Liebe und Achtung! Sicherlich ist sie in ihrer konkreten Ausprägung dem alltäglichen Suchen nach dem Ziel des Lebens ausgesetzt: Sie ist geprägt von den Einflüssen der Eltern, von den Stimmungen in der Gesellschaft, vom Zeitgeist, wenn es darum geht, das konkrete Handeln daraufhin zu beurteilen, ob etwas gut oder böse, richtig oder falsch ist. In der Auseinandersetzung mit der Lebenserfahrung muss jeder selbst um seine Reife und ethische Stärke ringen. Und doch ist das Gewissen in seiner Tiefe gerade dafür eine Gabe – eine Befähigung, mithilfe derer der Einzelne den Sinn seines Lebens, für den er das Geschenk der Freiheit erhalten hat, entdecken kann. Etwas abstrakter gesagt: Durch sie findet er seine moralische Identität in der Begegnung mit Gott (Kapitel: Orientierung aus der Mitte des Herzens – Das Gewissen als Kompass der Freiheit).

Auch die ethischen *Gebote*, *Verbote* und *Normen* erschließen sich als Halt. Die Fähigkeit, sie selbst in den raschen Wandlungsprozessen des modernen Lebens zu erkennen, ist ein großes Talent des Menschen auf seinem Lebensweg. Gebote und Normen geben bei der Frage nach der verantworteten Entfaltung der Freiheit viel Stütze und Richtung. Freilich sind sie nicht einfach der mühseligen Suche nach der sinnvollen Freiheits- und Lebensgestaltung enthoben. Man muss sie finden und formulieren. In der gegenwärtigen pluralistischen und demokratischen Gesellschaft bedarf die Bestimmung der moralischen Werte, nach denen wir leben sollen, der offenen Auseinandersetzung und Diskussion. Das ist gerade eine wichtige Aufgabe der freiheitlichen Kultur. Ja, auch schon im ganz alltäglichen Leben der Familie spielt diese Frage nach gültigen Regeln, an die sich alle zu halten haben, eine große Rolle. Die Debatten darüber mit den Kindern brauchen oft viel Zeit und Kraft – davon können Eltern ein Lied singen. Und doch lassen sich die Zehn Gebote in die komplizierten Herausforderungen der modernen Welt übersetzen. Mit ihrer Hilfe kann man auch für das heutige Leben tragende moralische Vorgaben und Wertvorstellungen ausdrücken (Kapitel: Dem Leben Festigkeit geben – Der befreiende Sinn der moralischen Normen).

Und schließlich können und dürfen wir trotz all unserer *Schuldbedrohtheit* an die Macht der *Vergebung* glauben. Die Fähigkeit, schuldig werden zu können, ist sicherlich die bedrückendste Konsequenz unserer vielfach bedingten Freiheit. Es ist die traurige Gefährdung menschlicher Geschichte, die bis in die dämonischen Abgründe menschlicher Destruktivität reicht. Doch nach christlichem Verständnis ist auch diese Seite des Lebens von der Gegenerfahrung des Kreuzes Christi erfasst. Diese Gegenerfahrung muss helfen, sich ohne Angst den eigenen Fehlern und der eigenen Schuld zu stellen, dort, wo es notwendig ist. Es geht dabei nicht um Skrupulosität und Fixierung auf das Negative. Das Ziel ist vielmehr eine gelassene und realistische Auseinandersetzung mit dem tatsächlichen Versagen, das uns selbst und die Gemeinschaft behindert. Nur so kann das Leben in seiner Herausforderung zu moralischer Konsequenz und Verantwortung tatsächlich vollkommener und reif werden (Kapitel: Schulderfahrung muss nicht immer nur belastend sein – Der Weg zur reifen Freiheit und Verantwortung).

So versucht der christliche Glaube Mut zu machen, dass der Weg der Gestaltung des Geschenkes der Freiheit – trotz der vielfachen Begrenztheit, die der Einzelne in seinem Leben erfährt – in der gegenwärtigen Zeit möglich ist. Das Leben der Gesellschaft und die persönliche Biografie können nach christlichem Verständnis auch heute, in einer wirklich kompliziert gewordenen Lebenswelt und Wirklichkeitserfahrung, ja in menschlicher Begrenztheit und Schuldverhaftetheit tatsächlich gelingen. Freiheit endet nicht in Chaos und Verlorenheit! Sie ist das große Geschenk Gottes, in dem der Mensch zu Lebensfülle und Reife findet. Unsere Gestaltungsversuche der Freiheit können eine sinnvolle Gestalt gewinnen: weil Gott seine bleibende Nähe verspricht und schenkt.

VERTRAUEN IN DIE FREIHEIT UND IN DAS GESCHENK DES LEBENS – MUT UND OPTIMISMUS DER BIBEL

Die Bibel vermittelt für die Suche nach der richtigen Freiheitsgestaltung und nach Orientierung eine ganz tiefe Hoffnung, ja ein unzerstörbares Vertrauen. Es ist eine Zuversicht, die nicht einfach Illusion und Träumerei ist, sondern sie ist überaus realistisch und vernünftig. Die Bibel möchte nämlich ein Gespür für die menschliche Freiheit erschließen, welches gerade auch mit ihren Grenzen unbefangen umgehen kann. Und aus dieser Gelassenheit heraus ermöglicht sie ein Leben, das moralisch Schwung hat, ohne zu überfordern, unehrlich zu werden oder gar zur bloßen Last.

Hintergrund dieser von der Hoffnung getragenen Ethik ist die Beziehung zu Gott. Das Alte und das Neue Testament sprechen vom Vertrauen in das Leben, weil es als Geschenk aus der Hand Gottes stammt und von Gott vollendet wird. In diesem umfassenden Bogen der Beziehung zwischen Gott und Mensch ist die biblische Deutung der Wirklichkeit begründet. Und auch das Verständnis der menschlichen Freiheit ist von hierher geprägt. Die Erfahrung der Freiheit des Menschen verbindet sich dabei auf der einen Seite mit der Würde seiner Gottebenbildlichkeit, die jeder Einzelne besitzt. Aber auch die Solidarität mit der Natur sowie der Halt in der sozialen Bindung an die Gemeinschaft sind auf der anderen Seite

Teile dieses Vertrauens. Ja, die Nähe Gottes reicht dabei nach dem Verständnis der Bibel bis in die Abgründe von Tod und Schuld hinein.

So entsteht eine Ethik, welche die Chancen und Grenzen der Freiheit nüchtern und doch mutig und optimistisch bestimmt. Ihre Würde zeigt sich darin, dass der Mensch in der Beziehung zu Gott zum freien Subjekt wird. Das heißt, er darf sein Leben im antwortenden Gegenüber zu Gottes Anruf offen entfalten. Aber er bleibt auch eingebunden in die Schöpfung und darf diese nicht zerstören. Ja, er ist in die Pflicht genommen, seine Freiheit für die Gemeinschaft einzusetzen und in der Bindung an seine soziale Umwelt zu leben. Und gerade deshalb wird der Glaube zum Ursprung einer umfassenden Zuversicht, die selbst alle moralische Begrenztheit des Menschen umschließt: Das Versagen und das Sterben werden theologisch gesehen von der Gegenmacht der Erlösung umfasst. Die Erfahrung der Begrenztheit wird so in den Horizont einer Erfahrung des Geschenkt- und Befreitseins hineingenommen.

Die Bibel versucht mit dieser Sicht inhaltliche Orientierung zu geben, aber nicht nur das, sondern als Sinnerfahrung des Glaubens eine tiefere Annahme der Widersprüche des Daseins zu ermöglichen. Sie bietet uns für den rechten Umgang mit der Freiheit ein Bild von unserem Leben an, in dem wir mit dem Zwiespalt, moralisch begrenzt und doch unabweisbar verantwortlich zu sein, auf Gott verwiesen sind. Von Gott zur Antwort gerufen, sollen und können wir uns bemühen, den ethischen Herausforderungen inmitten aller Widersprüche realistisch zu entsprechen – selbst angesichts der bedrückenden Dunkelheit der Erfahrungen, dass wir schuldig werden können und sterben müssen.

GRÖSSE UND GRENZEN DER FREIHEIT – ETHIK DES ALTEN TESTAMENTES

Die Gottesbeziehung als Mitte

Wenn man sich fragt, woher der Mut und der Optimismus der Bibel im Umgang mit der Freiheit im Gegensatz zu den großen Unsicherheiten der Gegenwart kommen, dann bleibt nur der Verweis auf die Beziehung zu Gott, die schon in der Mitte des alttestamentlichen Lebens und Glaubens steht. Im Gegenüber zu Gott erschließt sich für die Lebenserfahrung im „Ersten", Alten Testament eine Festigkeit, die radikal sammelt. *Die Erfahrung der Zuwendung Gottes engagiert den Menschen in der Bibel zu einer unmittelbaren Antwort.* In der Fachterminologie der Ethik gesagt: Der Mensch erfährt sich im Gegenüber zu Gott als sittliches Subjekt. Das heißt: Er wird fähig, seine Freiheit zur Gestaltung seines Lebens bewusst zu übernehmen. Er erfährt sich unter dem Anspruch der Verwirklichung moralischer Ziele. Das Ziel ist die Gestaltung des Lebens in Menschlichkeit unter dem Anruf und der Zuwendung der Liebe Gottes.

Hinter dieser Sichtweise steht eine ganz konkrete Erfahrung mit Gott: Es ist das gegenseitige Vertrauensverhältnis, das sich in der Geschichte Israels zwischen Jahwe und seinem Volk entfaltet. Dieses Vertrauen ist der Grund für die ethische Kraft und Orientierung im Ersten Testament. Das tragende Fundament der Beziehung Jahwes und Israels sind dabei die Heilstaten Gottes, vor allem die Befreiung aus Ägypten. Am Anfang des Textes, der die Zehn Gebote überliefert, ist diese Erfahrung im Wort Gottes an Israel ausgedrückt:

> *„Ich bin Jahwe, dein Gott, der dich aus Ägypten geführt hat, aus dem Sklavenhaus."* *Ex 20,2*

Wenn man diese Beziehung zwischen Gott und Mensch im Alten Testament näher betrachtet, dann zeigt sich freilich ganz deutlich, dass der Glaube des Volkes Israels erst einen langen Weg durchläuft, bis das Vertrauen fest und stabil geworden ist: Die Beziehung zu Jahwe wird immer tiefer erfahren, so dass für Israel die Verehrung anderer Götter schließlich nicht mehr in Frage kommt. Das drückt sich in den ersten Geboten des Dekalogs aus:

> *„Du sollst neben mir keine anderen Götter haben. Du sollst dir kein Gottesbild machen und keine Darstellung von irgendetwas am Himmel droben, auf der Erde unten oder im Wasser unter der Erde. Du sollst dich nicht vor anderen Göttern niederwerfen und dich nicht verpflichten, ihnen zu dienen. Denn ich, der Herr, dein Gott, bin ein eifersüchtiger Gott … Du sollst den Namen des Herrn, deines Gottes, nicht missbrauchen."* Ex 20,3–7

Das Auf und Ab in der Beziehung zwischen Jahwe und seinem Volk, wie es das Alte Testament immer wieder erzählt, macht dabei die enge Verbindung zwischen dieser Freundschaft und der ethischen Kraft Israels deutlich: Wo die Beziehungserfahrung zwischen Gott und Mensch in Vergessenheit gerät, kommt es auch zum Konflikt mit den Geboten Gottes. An solchen Stellen wird die Entschiedenheit der Liebe Jahwes für Israel deutlich, in der er die Verpflichtung Israels einfordert.

Entscheidend an dieser ganzen Partnerschaftsgeschichte aber ist: Die Frage nach dem rechten Umgang mit Freiheit und ethischer Verantwortung wird im Ersten Testament grundsätzlich von dieser Würde des Menschen als Gegenüber Gottes aus betrachtet. Letztlich geht es immer nur um das eine: sein Leben aus der Beziehung zu Gott heraus zu verstehen und versuchen, es von dort her zu gestalten.

Geschenkte Identität

Nun kann man fragen, was das konkret bedeutet: aus der Beziehung zu Gott heraus zu leben. Wie beeinflusst diese Haltung den Umgang mit der Freiheit und die Lebensgestaltung genau?

Wer die Bibel daraufhin befragt, kann eine interessante Beobachtung machen: Nach dem Verständnis des Alten Testamentes ordnet sich in der Beziehung zu Gott das Verhältnis des Menschen zu sich selbst und zu seiner Umwelt in einer ganz bestimmten Weise. Denn auf der einen Seite wird der Mensch durch seine Nähe zu Gott gerade unabhängig und frei. Auf der anderen Seite kann er aus dieser Freiheit heraus auch seine Angewiesenheit und Bindung an die Natur akzeptieren.

Genauer gesagt: Für die Bibel ist der Mensch gegenüber der Natur und ihren Gewalten radikal selbstständig. Die Gottesbeziehung entzaubert die bedrohlichen Kräfte der Natur. Der Mensch muss keine Angst mehr vor ihren Einflüssen und ihrer Willkür haben: zum Beispiel vor Blitz und Donner, Regen und Eisschlag. Das bedeutet: Die Natur ist für den Menschen des Ersten Testamentes nicht mehr eine göttliche Macht, sondern Gottes Schöpfung, die dem Menschen angeboten ist. „Die Meeresdrachen sind verharmlost (vgl. Gen 1,21; Ps 104,26)." Mond und Sterne, tierische und pflanzliche Natur sind das Werk Gottes, nicht Gottheiten oder göttliche Energien, „die Gestirne keine Astralmächte (vgl. Dtn 4,19), die das Schicksal bestimmen, vielmehr von Gott geschaffene Leuchtkörper; sie dienen nur dazu, die Erde zu beleuchten und die Zeiten zu unterscheiden (Gen 1,14ff; vgl. Ps 136,7ff)" (Werner H. Schmidt, Einführung in das Alte Testament. Berlin [5]1995, 64). Der Mensch ist in dieser Welt das Ebenbild Gottes – das heißt, er ist nicht selbst Gott, aber das besondere Gegenüber Gottes, Gottes Partner.

Umgekehrt stellt der Mensch allerdings auch keine Bedrohung für die Natur dar. Denn er muss seine Stellung im

Ganzen der Wirklichkeit beachten. Die Würde des Menschen lässt sich im Verhältnis zur übrigen Schöpfung gerade nicht verabsolutieren. Sie bleibt von der Beziehung zwischen dem Schöpfer und dem Geschöpf umgriffen und sie bindet den Menschen in diesem Sinne in die Natur ein. Gemeinsam mit der übrigen Kreatur steht der Mensch vor Gott. Der alttestamentliche Begriff *basar* (Fleisch) drückt deshalb zum Beispiel das Menschen und Tieren Gemeinsame aus, ihr körperliches Leben. Auf den einzelnen Menschen angewandt, bezeichnet *basar* die Hinfälligkeit, Sterblichkeit und Vergänglichkeit des menschlichen Lebens. Der Mensch bleibt so in seiner Begrenztheit gemeinsam mit seiner Umwelt auf Gott angewiesen:

> *„Herr, … die Erde ist voll von deinen Geschöpfen.*
> *Verbirgst du dein Gesicht, sind sie verstört;*
> *nimmst du ihnen den Atem, so schwinden sie hin*
> *und kehren zurück zum Staub der Erde.*
> *Sendest du deinen Geist aus,*
> *so werden sie alle erschaffen …“* *Ps 104, 24.29f*

Wenn man sich dieses Verständnis des Verhältnisses zwischen dem Menschen und der Natur bewusst macht, dann muss man sagen: Die Unsicherheiten, welche es heute gerade im Blick auf dieses Zueinander gibt, sind der Bibel fremd. Es ist eine entspannte Sichtweise, wie der Mensch in seiner freiheitlichen Würde, aber auch in seinen Grenzen erfasst und beschrieben wird. Größe und Grenzen menschlicher Freiheit werden ganz deutlich. Sie bestehen auf der einen Seite in der Unabhängigkeit und Souveränität, auf der anderen Seite in der bleibenden Angewiesenheit des Menschen im Gegenüber und in der Gemeinschaft mit der Natur.

Man kann sich diese Gelassenheit auch ganz konkret deutlich machen: Die tiefe Integration, die das Alte Testament in diesem Sinne dem Menschen in Bezug auf seine natürliche Abhängigkeit schenkt, wird zum Beispiel an der reifen und befreienden Balance deutlich, die das biblische Empfinden in Bezug auf die *Sinnlichkeit* kennt. Dafür steht sein Verhältnis zur Sexualität und zum Umgang mit dem Alkohol.

Im Gegensatz zu den Nachbarvölkern des Orients hat man in Israel die *menschliche Sexualität* nie vergöttert. In Palästina gab es bei den umliegenden Völkern den euphorischen Sexismus und Fruchtbarkeitskult der Baalsreligionen. Griechenland kannte den Gott des sinnlichen Rausches, Bacchus. Die Vergötterung des Eros, wie sie darin zum Ausdruck kommt, bedeutet: Der sexuellen Erfahrung werden so wichtige, das Leben stabilisierende Ressourcen zugeschrieben, dass sich ihr der Mensch ganz unterwirft. Alle Kräfte (Lebenszeit, körperliche Kraft, Beziehungsgestaltung und Geld) werden daraufhin konzentriert. Und es ist ja auch richtig: Die Vitalität, welche die geschlechtliche Erfahrung schenkt, ist etwas Wunderbares, ihre ekstatische Welt befreit von der Enge und mancher Dunkelheit des Lebens wie in einem Traum. Und dennoch ist es gefährlich, wenn die überhöhte Erwartung an ihre Kraft schließlich in Enttäuschung und Hilflosigkeit endet, weil auch sie ihre Grenzen hat und nicht unendlich, das heißt wirklich göttlich ist. In der Bibel wird die Sexualität deshalb in ihrer Bedeutung für den Menschen nie überschätzt und verabsolutiert. Die Sprache der Schöpfungsberichte verrät genau das Gegenteil. Als Mann und Frau ist der Mensch zwar gerade in seiner Verschiedengeschlechtlichkeit Ebenbild Gottes, aber immer nur *Schöpfung*, die von Gott abhängig bleibt. „Gott schuf den Menschen nach seinem Bild und Gleichnis, als Mann und Frau erschuf er sie“ (Gen 1,27). Diese nüchterne Wertung der Sexualität als begrenzte Gabe hat in der Bibel nicht zu ihrer Abwertung geführt. Der Schöpfungsbericht deutet die geschlechtliche Polarität des Menschen als gegenseitige Ergänzung. Weil der Mensch allein ist, wird die Frau erschaffen (vgl.

Gen 2,18). In der Theologie der Propheten wird sogar die Erfahrung der menschlichen Liebe mit der Erfahrung der Liebe Gottes verglichen.

So kann der Mensch im Ersten Testament die Sexualität und den Zauber des Eros völlig frei in ihrer ganzen Schönheit genießen. Das Hohelied legt von dieser Zwanglosigkeit und Natürlichkeit ein Zeugnis ab:

„Er küsse mich mit dem Kusse seines Mundes;
denn deine Liebe ist lieblicher als Wein.
Siehe, meine Freundin, du bist schön;
schön bist du, deine Augen sind wie Taubenaugen.
Siehe, mein Freund, du bist schön und lieblich.
Unser Lager ist grün.
Wie eine Lilie unter den Dornen,
so ist meine Freundin unter den Mädchen.
Wie ein Apfelbaum unter den wilden Bäumen,
so ist mein Freund unter den Jünglingen.
Unter seinem Schatten zu sitzen, begehre ich,
und seine Frucht ist meinem Gaumen süß.
Er führt mich in den Weinkeller,
und die Liebe ist sein Zeichen über mir.
Er erquickt mich mit Traubenkuchen
und labt mich mit Äpfeln;
denn ich bin krank vor Liebe.
Seine Linke liegt unter meinem Haupte,
und seine Rechte herzt mich." *Hld 1,2.1,15f.2,2–6*

Und doch geht es hier nicht um Abhängigkeit vom herrlichen Wunder der Liebe, das über sich hinaus auf Gottes Schöpfermacht verweist.

In ähnlicher Weise unterscheidet die Bibel die Gotteserfahrung klar von der suggestiven Scheinwelt des alkoholischen Rausches. Die Entlastung und Leichtigkeit, die der Alkohol schenken kann, scheinen vom Druck des Lebens zu befreien und in eine unbeschwerte, in diesem Sinne göttliche Welt hineinzuführen, obwohl das eine Illusion ist. Sie bergen deshalb immer in sich die Gefahr, den Menschen hörig zu machen, ihn zu versklaven. Und doch kann sich der weisheitliche Dichter am Geschenk des Weines ganz unbefangen freuen, wenn der Umgang damit vernünftig und gelassen bleibt:

> „*Wie ein Lebenswasser ist der Wein für den Menschen, wenn er ihn mäßig trinkt. Was ist das für ein Leben, wenn man keinen Wein hat, der doch von Anfang an zur Freude geschaffen wurde? Frohsinn, Wonne und Lust bringt Wein, zur rechten Zeit und genügsam getrunken.*“
>
> *Sir 31,27f*

Gerechte soziale Beziehungen

Vielleicht kann man es so beschreiben: Die Bindung an Gott macht die Gestaltung des Lebens und der Freiheit sicherer und optimistisch, weil man in der Offenheit für Gott die eigene Souveränität gegenüber möglichen Abhängigkeiten im Leben besser spürt. Nichts kann mich so besetzen und unter seinen Einfluss bringen, dass ich mein ganzes Herz daran hänge und mich nur noch davon beherrschen lasse. Auf der anderen Seite bedeutet diese Erfahrung von Freiheit aber auch nicht, niemanden und nichts mehr zu brauchen und alle Beziehungen und Bindungen abzubrechen. Sondern sie stellt mich gerade hinein in das ganze Netz der tiefen Beziehungen und Verbundenheiten, die mein Leben tragen, vital und glücklich machen.

Das zeigt sich für die Bibel im Übrigen nicht nur am Verhältnis zur Natur und zu den natürlichen Abhängigkeiten. Nach ihrem Verständnis ist der Bund zwischen Gott und Mensch auch Quelle einer menschlichen Stärke, die sich gegen alle Zwänge sozialer Ungerechtigkeit und Unterdrückung auflehnt.

„Weh denen, die unheilvolle Gesetze erlassen und unerträgliche Vorschriften machen, um die Schwachen vom Gericht fernzuhalten und den Armen meines Volkes ihr Recht zu rauben, um die Witwen auszubeuten und die Waisen auszuplündern.“ *Jes 10,1f*

Auch die damalige Gesellschaft stand vor großen Spannungen und heftigen Problemen sozialer Gerechtigkeit. Auch in Israel gab es Ausbeutung von Menschen durch Menschen, und die religiösen Überzeugungen waren in diese Konflikte verflochten. Die herrschende Klasse bezog die Erwählung des Volkes Israel zum Beispiel auf ihre persönliche soziale Sonderstellung. Doch der Prophet Jesaja kritisiert diese Haltung radikal:

„Wascht euch, reinigt euch! Lasst ab von eurem üblen Treiben! Hört auf, vor meinen Augen Böses zu tun! Lernt, Gutes zu tun! Sorgt für das Recht! Helft den Unterdrückten! …“ *Jes 1,16f*

Die Kritik der konkreten sozialen Situation richtet sich in diesen Texten dabei vor allem an die politischen Führungskräfte. Das Problem ist, dass gerade auch die religiöse Praxis in die Konflikte zentral mit einbezogen ist. Die Propheten verurteilen deshalb das Verhalten Israels scharf, weil es die scheinheilige Doppelmoral der Verhältnisse bloßlegt: Während die Wirtschaft blüht und der liturgische Kult im Tempel prächtig gestaltet wird, müssen die Armen hungern. Amos benennt diesen Skandal hart und unerbittlich:

„Ich hasse eure Feste, ich verabscheue sie und kann eure Feiern nicht riechen. Wenn ihr mir Brandopfer darbringt, ich habe kein Gefallen an euren Gaben, und eure fetten Heilsopfer will ich nicht sehen. Weg mit dem Lärm

deiner Lieder! Dein Harfenspiel will ich nicht hören, sondern das Recht ströme wie Wasser, die Gerechtigkeit wie ein nie versiegender Bach.“ *Am 5,21–24*

Für das Alte Testament ist im Sinne dieser Vision von einer gerechten Gesellschaft die Bindung der Freiheit an die Gemeinschaft nie bloße Last und das Ende persönlicher Unabhängigkeit. Sondern sie ist Voraussetzung für das Gelingen des eigenen Lebens, für Sicherheit und Geborgenheit.

Größe und Grenzen der Freiheit

So werden Größe und Grenzen der Freiheit in der Sicht der Heiligen Schrift ganz tief deutlich. Sicherlich wird man zugeben müssen: Die Zeit der Bibel kannte noch nicht die schwierigen Probleme der Umweltbelastung und der Konflikte zwischen menschlicher Technik und den natürlichen Gleichgewichten. Sie war noch nicht mit den sozialen Herausforderungen konfrontiert, wie sie die heutige Zeit kennt, zum Beispiel die Industrialisierung und Globalisierung oder die schwierigen Fragen nach dem Verhältnis einer arbeitsteiligen Wirtschaft und der Moral. Und doch: In der biblischen Deutung ist grundsätzlich auch eine tragfähige Antwort auf die heutigen Schwierigkeiten enthalten, vor allem auf den Widerspruch zwischen der unabwälzbaren Verantwortung des Menschen und der Einsicht in seine gleichzeitige Begrenztheit, in die Ohnmacht seiner Freiheit. Es ist nicht eine detaillierte Anweisung, wie die Spannungen etwa zwischen der Balance der Ökosphäre und den Interessen menschlicher Naturveränderung ausgeglichen werden können oder wie man die sozialen Probleme moderner Gesellschaften löst. Aber es geht um eine grundlegende Perspektive der Hoffnung, wie unsere Würde und unsere Grenzen sinnvoll verstanden und wie die Welt der Natur und der Gesellschaft entziffert werden können.

Das Entscheidende an dieser Wirklichkeitserfahrung ist: Nach biblischem Verständnis kann man in der Suche nach einer Antwort auf diese Fragen die Möglichkeit einer *tieferen Annahme seiner eigenen Würde und Freiheit, zugleich aber auch seiner Begrenztheit und der Endlichkeit der Welt erfassen.* Als Gegenüber Gottes ist uns Freiheit geschenkt und wir dürfen diese Freiheit – gerade auch, wie gezeigt, gegenüber den natürlichen Abhängigkeiten – entfalten. Und doch ist diese Freiheit nicht grenzenlos! Denn die Vergänglichkeit verbindet uns mit unseren Mitgeschöpfen. Und wir sind verpflichtet, die Verantwortung für den Mitmenschen ernst zu nehmen, uns in die Gemeinschaft einzufügen. So bleiben wir abhängig von den natürlichen Grundlagen des Lebens und von den Beziehungen zu den Mitmenschen.

Für die Bibel muss aber gerade diese Einsicht in die Grenzen der Freiheit nicht Angst machen. Denn die Freiheit ist darin von der Verlässlichkeit des Leben spendenden Gottes gehalten, die sich in seiner Zuwendung immer wieder neu zeigt. In der *Abhängigkeit von Gott* bleibt uns Menschen trotz aller Grenzen und den damit verbundenen Belastungen ein Horizont der Hoffnung. Denn Gott ist treu.

Mit dieser Beschreibung ist die tiefe Hilfe zum Ausdruck gebracht, welche die Bibel für die Frage danach bereithält, wie man mit dem Geschenk der Freiheit auch heute in einer guten Weise umgehen kann. Menschliche Freiheit und ihre Grenzen führen für die Bibel nicht zu Verzweiflung und Unsicherheit, wie sie die gegenwärtige Zeit häufig prägen, sondern eben zu einer vom Vertrauen getragenen Lebensgestaltung. Das ist ein moralischer Schwung, der ganz konkret Souveränität und Integration bereithält.

Ist nicht der Dekalog in diesem Sinne die faszinierende Zusammenfassung eines wirklich guten und menschlichen Umgangs miteinander, der auch für die moderne Welt in einer einfachen Weise letzte tragende Werte formuliert?

„Gedenke des Sabbats: Halte ihn heilig! … Ehre deinen Vater und deine Mutter … Du sollst nicht morden. Du sollst nicht die Ehe brechen, Du sollst nicht stehlen. Du sollst nicht falsch gegen deinen Nächsten aussagen. Du sollst nicht nach dem Haus deines Nächsten verlangen. Du sollst nicht nach der Frau deines Nächsten verlangen, nach seinem Sklaven oder seiner Sklavin, seinem Kind oder seinem Esel oder nach irgendetwas, das deinem Nächsten gehört." *Ex 20,8–17*

Mit heutigen Worten gesagt sind das die wesentlichen Grundlagen eines wirklich glücklichen und menschlichen Lebens:

→ Der Schutz der religiösen Kultur, das heißt, dass es Zeiten der Besinnung auf Gott, des Gebetes, aber auch der gemeinsamen Entspannung und des Ausruhens braucht.
→ Die Achtung zwischen den Generationen, das heißt, dass der menschliche Respekt die Beziehung zwischen Eltern und Kindern bei allen Spannungen, die es zwischen ihnen geben mag, prägt.
→ Die Garantie der Unantastbarkeit des Lebens, das heißt, dass man prinzipiell einen Menschen nicht töten oder verletzen darf, auch wenn es nicht immer leicht ist, den Sinn dieses Gebotes in die alltäglichen Überlegungen des Umgangs etwa mit Aggression, Zurückweisung von Gewalt und Erhaltung des Friedens auszubuchstabieren.
→ Die Achtung der Intimität der Ehe: Anerkennung des Partners und konsequentes Bemühen um ihn in den wechselnden Herausforderungen des gemeinsamen Lebens, auch wenn die Vermeidung von Eifersucht und die Pflege einer angemessenen Offenheit für Freundschaft, welche die eigene Beziehung nicht sprengt, Teile dieser Beziehungsgestaltung sind.
→ Die Sicherung von Eigentum, der Wahrhaftigkeit im privaten und öffentlichen Leben usw.

DIE FREIHEIT ZUR RADIKALEN LIEBE – DAS NEUE TESTAMENT

Vielleicht erscheint eine solche Sichtweise als zu einfach, als zu harmonisch. Ist das nicht eine schlichte Weltsicht, die durch die Gottesbeziehung blind wird für die tiefen Brüche und großen Risiken des menschlichen Daseins? Werden die Konflikte und die Dunkelheit des Lebens einfach übersprungen?

Wenn man die Bibel genau liest, dann wird man demgegenüber aber schnell begreifen: Die Sinnerfahrung der Bibel ist ein Antwortversuch gerade auf die tiefe Widersprüchlichkeit menschlicher Existenz. Auch der biblische Mensch erlebt ja die verwirrenden, ja absurden Abgründe des Lebens, die Schuldverfallenheit und den Tod. Die Psalmen beklagen die Vergänglichkeit des Menschen, seine Wankelmütigkeit und Verlorenheit. Die Propheten kritisieren eben die selbstsüchtige und unaufrichtige Haltung des biblischen Volkes, seine sozialen Schwächen und seine Korruptheit.

Und so bringt das Neue Testament schließlich ein Vertrauen und eine Hoffnung zum Ausdruck, die bis in die dunkelsten Abstürze und Absurditäten des menschlichen Lebens hineinreichen. Es verlängert die Zuversicht des Ersten Testamentes bis in die Erfahrungen der tiefsten Hilflosigkeit und Haltlosigkeit unserer Freiheitssuche und Lebensführung hinein. Und in diesem Optimismus wird es zu einer letzten Antwort auf die Frage danach, ob es überhaupt geht, Freiheit in ihren Möglichkeiten und Grenzen gut zu gebrauchen.

Endgültige Nähe Gottes

Das Neue Testament spricht von der Erfüllung der alttestamentlichen Hoffnungen: „Die Zeit ist erfüllt, das Reich Gottes ist nahe. Kehrt um und glaubt an das Evangelium!" (Mk 1,15). Gottes endgültige Zuwendung zum Menschen zeigt sich dabei nach seinem Verständnis vor allem gegenüber den Grenzerfahrungen des Lebens. Jesus heilt die Menschen von ihren Krankheiten, er vertreibt die unreinen Geister und stellt zerbrochene Beziehungen wieder her:

> *„Am Abend, als die Sonne untergegangen war, brachte man alle Kranken und Besessenen zu Jesus. Die ganze Stadt war vor der Haustür versammelt, und er heilte viele, die an allen möglichen Krankheiten litten, und trieb viele Dämonen aus“ (Mk 1,32–34a). „Als er einige Tage später nach Kafarnaum zurückkam, wurde bekannt, dass er (wieder) zu Hause war. Da brachte man einen Gelähmten zu ihm; er wurde von vier Männern getragen. Als Jesus ihren Glauben sah, sagte er zu dem Gelähmten: Mein Sohn, deine Sünden sind dir vergeben! Ich sage dir: Steh auf, nimm deine Tragbare, und geh nach Hause! Der Mann stand sofort auf, nahm seine Tragbahre und ging vor aller Augen weg.“* *Mk 2,1.3.5.11f*

Die Erfahrungen, die damit möglich werden, führen aber für die neutestamentlichen Zeugen über die Gottesbegegnung des Alten Testamentes hinaus. Denn im Neuen Testament wird nicht nur die Natur als Kosmos, sondern auch das menschliche Leben bis in seine radikalen Grenzen von Tod und Schuld hinein von bedrückenden Mächten befreit. So kann Jesus sagen:

> *„Wenn ich aber die Dämonen durch den Finger Gottes austreibe, dann ist doch das Reich Gottes schon zu euch gekommen.“* *Lk 11,20*

Mit diesen Worten ist wohl eine Befreiung von Belastungen im Leben gemeint, die bedrückender nicht sein können. Das Wort „dämonisch“ hat heute den dunkelsten Klang von Terror durch brutale Mächte der Zerstörung. Es kann hier offenbleiben, was in der Bibel damit genau gemeint ist. Für unsere Betrachtung entscheidend ist aber: Jesus geht für diese Botschaft der Befreiung der Menschen von den Belastungen durch Krankheit und vor allem auch von den damit zusammenhängenden religiösen Tabuvorstellungen in den Tod. Er verteidigt den blind Geborenen gegen die Unterstellung, dass er an seinem Schicksal selbst schuld sei. Er heilt den Gelähmten auch am Sabbat. Der Glaube erkennt darin die Art und Weise, wie Gott selbst in unser Leben eingreift und uns zur Seite steht: Im Schicksal Jesu, in dem die Geschichte menschlicher Aggression, Schuld und Gewalt über die Liebe Gottes zu siegen scheint, nimmt Gott selbst den furchtbaren Grenzen menschlichen Lebens ihren Schrecken. Die Welt wird dadurch entdämonisiert, denn im Sterben Jesu zeigt sich nach dem Verständnis der Bibel die endgültige Zuwendung Gottes zum Menschen. Der Mensch drängt Gottes Angebot der Nähe im Kreuz Jesu Christi in den Tod. Gott „scheut" aber nicht die Armut der Vernichtung und Verlorenheit. Er macht sie in der Begegnung mit der Schuldgeschichte des Menschen zum Zeichen seiner unzerstörbaren, unwiderruflich für den Menschen entschiedenen Freiheit: Gott nimmt die absolute Vernichtung gerade als Ausdruck seiner bleibenden Treue zum Menschen. Und so kann der Mensch den Sinn seiner eigenen Würde und der Welt als Schöpfung auch angesichts der tiefen Widersprüchlichkeit seiner eigenen schuldverhafteten und dem Tod unterworfenen Existenz glauben.

Mit einem etwas einfacheren Vergleich lässt sich die Erfahrung dieser Treue Gottes vielleicht so verstehen: Wenn jemand trotz unserer Unausgeglichenheit und Aggressivität, trotz unserer Neigung zu Zorn und Unentschiedenheit, trotz der Schmerzen, die wir ihm zufügen oder die er überhaupt ertragen muss, zu uns steht und bei uns bleibt, dann schenkt uns seine Liebe eine innerste Hoffnung, dass auch wir selbst das Leben in seinen Widersprüchen aushalten können. Dass wir einen Weg zu Geborgenheit und liebender Offenheit finden werden.

Für unsere Gottesbeziehung bedeutet das alles aber: Durch den Glauben, durch die Annahme der Zuwendung Gottes, können wir deshalb nach dem Verständnis des Neuen Testaments auch einen Halt in Krankheit, Schuld, Verelendung, Unterdrückung, Aggression und Hass erfahren: Gottes Gegenwelt gegen diese destruktiven Tendenzen im Menschen und in der Welt ist dabei nicht einfach die plötzliche Aufhebung aller Grenzen. Sie ist ganz einfach die Gegenerfahrung seiner Liebe, die sich nicht zurückzieht, sondern uns mit unseren Gegensätzen und das Leben mit seinen Widersprüchen erträgt, trägt und verändert.

Gottes Handeln prägt das Handeln des Menschen

Die Erfahrung der Treue Gottes hat für die Bibel deswegen auch für das Verständnis der Möglichkeiten und Grenzen menschlicher Freiheitsgestaltung eine entscheidende Bedeutung. Diese wird auf dem Grund der Zuwendung Gottes, die stärker als die menschliche Schuld und als die Vernichtung durch den Tod ist, zu einer Zuversicht, die den Menschen zur Auseinandersetzung auch mit den letzten Grenzsituationen des Lebens befähigt. Es ist eine Hoffnung, die selbst angesichts der äußersten Ausweglosigkeit standhält: eine radikale Bejahung von Sinn, Vertrauen und Hingabe gerade in den Zwängen und in der Hilflosigkeit von Aggression, Beziehungsverlust und Kommunikationslosigkeit.

Vielleicht hält man hier unwillkürlich den Atem an. Wer hat so viel Kraft in seinem Leben? Wer kann so bedingungslos leben und lieben? Wem ist ein solcher Schwung in der Gestaltung seiner Beziehungen, seines Arbeitslebens und im Umgang mit Familie, Beruf und Freunden geschenkt? Aber schon in der Lehre Jesu selbst wird diese Unbedingtheit deutlich. Er versucht in seinen Gleichnissen und Worten zu zeigen: Gottes Nähe überwindet die Zaghaftigkeit der menschlichen Vernunft, die häufig angesichts der bodenlosen Herausforderungen resigniert. Jesus fordert zum Beispiel Feindesliebe und bedingungslose Vergebungsbereitschaft. Eine solche Forderung ist Ausdruck seiner Überzeugung, dass zahlenmäßige, nationale, religiöse oder gesetzliche Schranken nicht als Grenzen der Zuwendung zum Menschen benutzt werden dürfen.

> *„Ihr habt gehört, dass gesagt worden ist: Du sollst deinen Nächsten lieben und deinen Feind hassen. Ich aber sage euch: Liebt eure Feinde und betet für die, die euch verfolgen, damit ihr Söhne eures Vaters im Himmel werdet; denn er lässt seine Sonne aufgehen über Bösen und Guten, und er lässt es regnen über Gerechte und Ungerechte."* *Mt 5,43–45*

Manche haben gesagt, dass das Neue Testament eine solche Radikalität nur verlangen konnte, weil die Christen der damaligen Gemeinden sowieso das baldige Ende der Zeit erwartet haben. Aber eine solche Deutung verkürzt den Mut der Bibel. Für Jesus ist das gekommene Reich Gottes vielmehr Wurzelgrund einer ganz neuen Wertordnung, demgegenüber alle alten Wertmaßstäbe zurücktreten müssen. Er richtet die moralischen Gebote eben auf ihre befreiende Kraft hin aus, die unmittelbar und ohne Wenn und Aber dem Menschen dient: „Der Sabbat ist für den Menschen da, nicht der Mensch für den Sabbat" (Mk 2,27).

Eine äußerste Souveränität der Freiheit

So wird der tiefste Kern der biblischen Ethik deutlich, der auch mit dem Geschenk der Freiheit in einer letzten Umsichtigkeit umgehen lässt.

Von außen gesehen ist diese Souveränität durch eine Radikalität gekennzeichnet, die gerade in den äußersten Konflikterfahrungen menschlichen Lebens zu ethischer Stärke herausfordert. Aber das ist eigentlich nur das Äußere. Aus der Perspektive des Glaubens, also von innen her, lässt sich sagen: Im Horizont der Nähe Gottes verliert der Mensch seine Hoffnung auf das Gelingen seines Lebens eben auch vor den letzten Widersprüchen des Daseins nicht. Mit Gott an der Seite gewinnt das Leben in seinen Konflikten, ja heillosen Brüchen immer noch ein sinnvolles Gesicht. In ihm kann der Mensch einen Mut erleben, der den Sinn aller Suche und Mühe des Lebens immer noch aufzuschließen vermag.

Noch einmal: Eine solche Radikalität könnte einem den Atem nehmen! Ist so etwas nicht zu viel verlangt? Ist es überhaupt lebbar? Aber die Ethik des Neuen Testamentes will nicht eine Übersteigerung vernünftiger Ethik sein, die sich einer reinen Laune und Illusion verdankt. Es ist sehr wichtig, sich das bewusst zu machen. Sonst würde eine solche Haltung den Menschen einfach nur überfordern und die Hilflosigkeit angesichts der oft wirklich nicht einfachen Konflikte des Lebens nur steigern und ins Unendliche treiben. Das Neue Testament überschreitet die praktische Alltagsvernunft nicht deshalb, weil es diese ablehnt oder in religiösem Überschwang unvernünftige Wege sucht. Es sind vielmehr die nackten Härten der Wirklichkeit selbst, die keine feige Absicherung erlauben. Sowohl die Gleichnisse als auch die Bergpredigt, in denen die ethischen Ansprüche des Neuen Testamentes am deutlichsten zum Ausdruck kommen, müssen in diesem Sinne verstanden werden.

Die prophetischen Aussagen der Gleichnisse und der Bergpredigt drücken äußerste moralische Ideale aus, weil sie selbst dort, wo jegliche Hoffnung unterzugehen droht, Mut machen möchten. Eine solche Logik der extremen neutestamentlichen Ethik der Liebe, wie sie das Beispiel der Feindesliebe anschaulich macht, stützt sich auf das Vorbild Gottes selbst. Verkürzt gesagt: Gott selbst handelt so am Menschen. Die Erfahrung dieser unbedingten Entschiedenheit und Zuwendung fordert den Menschen dazu heraus, in ähnlicher Weise zu handeln.

So rufen die Gleichnisse und die Bergpredigt zu einem letzten Vertrauen in das Gelingen unserer Freiheit auf – mitten in aller Konflikthaftigkeit unseres Lebens. Sie laden zur Zuversicht ein trotz der Gefährdung jeder intimen Kommunikation, trotz der vielen Entfremdungen, die andere und die wir selbst verschulden, trotz der zahlreichen Zwänge und unverständlichen Spannungen, der Schicksalsschläge und physischen Grenzen, die unsere Beziehungen und unser Verhältnis zur Umwelt bedrohen. Sie ermutigen angesichts all dieser Nöte dazu, nicht aufzugeben, sondern offen zu bleiben und an das Gelingen der Liebe und menschlichen Freiheit mehr zu glauben als an das Misslingen. Sie fordern dazu heraus, an der Grenze der Ohnmacht, die alle erfahren, wenn Gewalt verübt wird, an das Leben ohne Gewalt zu glauben, damit Hass, Aggression und Krieg ein Ende finden können.

Die bedingungslose Zusage, dass Freiheit und Leben gelingen können

So lässt sich die Ethik der Bibel nach christlichem Verständnis schließlich als Antwort auf die Frage nach dem rechten Umgang mit dem Geschenk der Freiheit beschreiben.

Für viele bleibt heute im Blick auf die Möglichkeiten und Grenzen der Freiheitsgestaltung oft nur eine *zaghafte Hoffnung auf eine letzte Ehrlichkeit:* Einen großartigen selbstgewissen Entwurf gibt es heute nicht mehr. Den sollte man nicht versuchen, schon gar nicht lauthals vor sich hertragen. Auf der anderen Seite kann die eigene Verantwortung nicht geleugnet und weggeschoben werden, selbst wenn man die Schwäche, Hilflosigkeit, ja das Scheitern im Leben nicht verstecken will. Das heißt, im konkreten Alltag muss letztlich der Einzelne konkret versuchen, Freiheit und Unfreiheit, Sinn und Absurdität, Gelingen und bleibendes Versagen auszubalancieren.

Die Bibel möchte aber aufgrund der radikalen Zuwendung Gottes dazu ermutigen, sich selbst bis in die tiefen Widersprüche des menschlichen Lebens in liebender Freiheit zu wagen. Sie beschreibt im Neuen Testament – aufbauend auf dem Alten – das Versprechen Gottes, der im Schicksal Jesu ein unzerstörbar gültiges Ja zum Menschen und zur Schöpfung gesprochen hat. Dieses Versprechen möchte einen tiefen Halt für die Suche nach dem Sinn von menschlicher Freiheit in den Zwängen und der Begrenztheit des Lebens geben. Es ist das Versprechen, dass wir mit unserer Freiheit in all unseren Abhängigkeiten und Grenzen, ja, in Schuld und Scheitern (!), in Gemeinschaft mit der zerstörbaren Natur und in oft sehr gefährdeter zwischenmenschlicher Beziehung tatsächlich ein Leben führen können, das gelingt und eine sinnvolle Gestalt gewinnt.

Man kann an dieser Stelle sicherlich noch einmal fragen: Was helfen solche Zusagen Gottes, wenn sie im Leben oft so wenig erfahrbar sind? Und wenn wir ehrlich sind, dann ist uns die Glaubenserfahrung häufig doch nur als Sehnsucht zugänglich. Wir sehnen uns danach, aus dem Glauben solche Kraft zu bekommen, wie sie die Bibel beschreibt.

Und doch ist diese Sehnsucht etwas sehr Kostbares. Sie ist so wichtig, um dem Leben den Halt zu geben, den wir so sehr brauchen – einen Halt, der nicht alle Probleme löst, der aber den weiteren Weg möglich macht. Das Wort der Bibel ist eine Bitte: nüchtern und vernünftig zu sein, wenn die Grenzen der Kraft erreicht sind; Hilfen in Anspruch zu nehmen, die ganz menschlich sind, damit es im Leben weitergehen kann: Urlaub, Beratung durch den Arzt, durch den Seelsorger, durch Therapeuten. Zusammen mit all diesen Hilfen kommt es aber letztlich darauf an, eine letzte Tapferkeit zu bewahren: Ausschau zu halten nach der Bewältigung des Lebens und darauf zu vertrauen, nicht vergessen zu sein. Ein wichtiger Ausdruck dieser Sehnsucht nach dem Glauben an das Geschenk der Zuwendung Gottes und der Ermöglichung unserer Freiheit ist, immer wieder neu um dieses Vertrauen zu beten. Dann wird zusammen mit den Hilfen, die es rein menschlich schon gibt, die Freiheitsgestaltung möglich, zu der wir gerufen sind.

Die Seligpreisungen sprechen von der Zuversicht dieser Erfahrung, in der die Solidarität des gekreuzigten Gottes den Grund für die Gewissheit bildet: dass – gegen den Anschein – die Zwänge von Ungerechtigkeit, Missverständnis, Untreue, Unehrlichkeit, Unfrieden und Hass überwunden werden können. Durch solche Erfahrungen werden wir oft hart bedrängt. Das Eingeständnis dieser Grenzen und der Mut, im Vertrauen auf die Liebe Gottes die Hoffnung in die Freiheit und menschliche Würde, ja in die Würde der ganzen Schöpfung und des Lebens zu bewahren, das ist der Realismus und die Herausforderung der Bergpredigt an uns zugleich. – Das ist der Umgang mit dem Geschenk der Freiheit, die moralische Sinnerfahrung für jeden, der den christlichen Glauben ernst zu nehmen und zu leben versucht.

„Selig, die arm sind vor Gott;
denn ihnen gehört das Himmelreich.
Selig die Trauernden;
denn sie werden getröstet werden.
Selig, die keine Gewalt anwenden;
denn sie werden das Land erben.
Selig, die hungern und dürsten nach der Gerechtigkeit;
denn sie werden satt werden.
Selig die Barmherzigen;
denn sie werden Erbarmen finden.

Selig, die ein reines Herz haben;
denn sie werden Gott schauen.
Selig, die Frieden stiften;
denn sie werden Söhne Gottes genannt werden.
Selig, die um der Gerechtigkeit willen verfolgt werden;
denn ihnen gehört das Himmelreich."

Mt 5,3–10

ORIENTIERUNG AUS DER MITTE DES HERZENS – DAS GEWISSEN ALS KOMPASS DER FREIHEIT

Die tiefe Sinnerfahrung, die die Bibel beschreibt, ist der Grund für den Optimismus, dass wir als Menschen mit dem Geschenk der Freiheit in einer guten Weise umgehen können. Selbst wenn es viele Risiken der Freiheit gibt, versucht sie von einer moralischen Kraft zu sprechen, die dem Leben mit seinen komplizierten Widersprüchen gewachsen ist.

Aber die Frage ist: Welche konkreten Fertigkeiten werden für einen solchen souveränen Umgang mit der Freiheit benötigt? Welches Wissen und welche Entscheidungsfähigkeit werden vorausgesetzt, um die Gestaltungsmöglichkeiten des Lebens vernünftig und sinnvoll zu nutzen? Bringt der Einzelne überhaupt entsprechende Voraussetzungen mit, die ihm den angemessenen Gebrauch der Freiheit ermöglichen?

Normalerweise ist an diesem Punkt der Hinweis auf das Gewissen angebracht. Das Gewissen ist ja doch – wenn man es ganz naiv sagt – die innere Instanz, an der jeder die Entscheidungen seines Lebens bemisst. Mit seiner Hilfe geben wir unserem Leben die entsprechende Ausrichtung in den Situationen und Abwägungen. Es ist das Navigationssystem für unsere Pläne und Wege. Genügt diese Anlage in uns nicht, um den Mut der Bibel im Leben auch tatsächlich umzusetzen?

Aber die Schwierigkeit ist: Gerade das Gewissen wird heute in seiner Funktionsfähigkeit sehr infrage gestellt. In humorvoller Weise beschreibt das Eugen Roth, wenn er „seinen Menschen" die Erfahrung machen lässt:

„Ein Mensch, von bangen Zweifeln voll
Ist unentschlossen, was er soll.
Ha, denkt er da in seinem Grimme:
Wozu hab ich die innre Stimme?
Er lauscht gespannten Angesichts –
Jedoch, er hört und hört halt nichts.
Er horcht noch inniger und fester:
Nun tönt es wild wie ein Orchester.
...
Ja, wenn es klar in uns erschälle:
Hier spricht der Himmel, hier die Hölle!
Doch leider können wir vom Bösen
Das Gute gar nicht trennscharf lösen.
Ist's die Antenne, sind's die Röhren,
Die uns verhindern, gut zu hören?
Ist's, weil von unbekanntem Punkt
Ein schwarzer Sender zwischenfunkt?
Der Mensch, umschwirrt von so viel Wellen
Beschließt, die Stimme abzustellen.
Gleichviel, ob er das Richtige tue
Hat er zum mindesten jetzt Ruhe."

Eugen Roth, Das Gewissen, 188

Nicht weniger ironisch, aber wesentlich schärfer sagt es Friedrich Nietzsche:

„Der Gewissensbiß ist, wie der Biß des Hundes gegen einen Stein, eine Dummheit."

Friedrich Nietzsche, Menschliches, Allzumenschliches, 897

Das sind Beschreibungen des Gewissens, die alles andere als Vertrauen in dieses innere Talent vermitteln. Solche geradezu verzweifelten Darstellungen sind von der Zuversicht der Bibel meilenweit entfernt!

Wer nach dem Grund für diese Einschätzung des Gewissens fragt, stößt vor allem auf den Einspruch der Psychologie. Besonders die tiefenpsychologischen Entdeckungen, die seit der Wende vom 19. zum 20. Jahrhundert immer stärker in das gesellschaftliche Bewusstsein gerückt sind, haben gerade auch im Blick auf das Verständnis des Gewissens große Erschütterungen nach sich gezogen. Bezeichnenderweise bewegt diese Infragestellung die Gegenwart mit ihrer Unsicherheit an der Freiheit des Menschen besonders tief. Im Gewissen wird das Innere des Menschen geradezu zum Abgrund verdrängter Konflikte, zum Repräsentant gesellschaftlicher Normen und autoritärer Beeinflussung, die den Menschen in seiner persönlichen, individuellen Entfaltung ganz tief behindern und knechten können:

> „*Der Inhalt unseres Gewissens ist alles, was in den Jahren der Kindheit von uns ohne Grund regelmäßig* gefordert *wurde, durch Personen, die wir verehrten oder fürchteten. Vom Gewissen aus wird also jenes Gefühl des Müssens erregt (‚dieses muß ich tun, dieses lassen‘), welches nicht fragt:* warum *muß ich?*“
>
> *Ebd., 902*

Wenn das stimmt, was Nietzsche sagt, dann ist der Mensch in seinem Gewissen gerade vollkommen unfrei – gelähmt von den Einflüssen der Eltern und autoritärer Lehrer. Wer nach den Kompetenzen des Menschen fragt, mit seiner Freiheit angemessen umzugehen, dem wird deshalb die Berufung auf das Gewissen schwer. Denn gegenüber dem Gewissen mischen sich gegenwärtig Achtung und Misstrauen in einer fast kaum zu durchschauenden Kompliziertheit. Gewissensfreiheit ist auf der einen Seite zu einem Grundrecht in der Mitte der demokratischen Kultur geworden. Aber die Berufung auf das Gewissen gerät auf der anderen Seite im Widerstreit der Überzeugungen allzu oft zu einem Mantel der Beliebigkeit. Das Gewissen ist einerseits Ausdruck der Würde des Menschen, Heimat seiner ureigensten Überzeugungen, ja Stimme Gottes. Aber es ist andererseits auch Schatten der persönlichen Willkür, der Anpassung an die gesellschaftlichen Mehrheitsstimmungen, der Belastung durch Krankheit und Abhängigkeit, der Manipulation.

So bleiben wir mit unserer Frage nach den konkreten Fähigkeiten für die mutige und optimistische Gestaltung unserer Freiheit, wie sie der Bibel vorschwebt, eher ratlos zurück. Das Gewissen scheint nicht unbedingt der verlässliche Führer zu sein, für den es immer gehalten wird.

Doch das Ineinander von Würde und Bedingtheit des Gewissens lässt sich ein wenig besser erklären, wenn man die *geschichtliche Entwicklung* seines Verständnisses näher betrachtet. Die konkrete menschliche Begabung zur Orientierung, die in der Gewissenserfahrung angelegt ist und dazu verhelfen soll, mit Freiheit in einer guten Weise umzugehen, lässt sich in ihrer Bedeutung nur einschätzen, wenn in diesem geschichtlichen Überblick der Gegensatz zwischen der Unabhängigkeit und der Relativität verständlicher wird, mit dem das Gewissen als moralische Grunderfahrung des Menschen ausgestattet ist. Und wenn deutlich werden kann, wie sein Hineingenommensein in die Beziehung zu Gott gerade das Vertrauen in das Leben ermöglicht, von dem die Bibel zu sprechen versucht, ohne die Brüche des menschlichen Lebens leichtfüßig zu überspringen oder gar oberflächlich zuzudecken.

Der Blick in die Geschichte verrät in diesem Sinne eine hoch spannende Entwicklung.

Zum ersten Mal erhält das, was die Gewissenserfahrung ausmacht, in der griechischen Antike einen eigenen Namen. Die Dokumente dieser Kultur zeigen: Der Mensch erlebt in der Schuld eine innere Zerrissenheit. Es ist sein *eigenes Inneres*, das ihm keine Ruhe lässt, wenn er einen moralischen Fehler gemacht hat. Dann setzt eine *Selbstreflexion* ein, die schließlich die Erfahrung des Gewissens in seiner persönlichen Tiefe zugänglich macht.

An der griechischen Begriffsbildung, in der aus dem Wissen eines Menschen das kritische Nachdenken über sich selbst wird, zeigt sich diese zunehmende Bewusstheit der Tiefe des Gewissens. Die Bedeutung des Grundstamms des griechischen Wortes *syneidesis* (= Mitwissen) ist zunächst, dass jemand auf Grund von Augenzeugenschaft *Mitwisser* mit einem *anderen Menschen* [!] in einer Sache ist. Das ist zum Beispiel wichtig für die Zeugen vor Gericht. In der weiteren Begriffsbildung vertieft sich diese Mitwisserschaft aber zur *Selbst*wahrnehmung des Menschen in sich selbst. Die *syneidesis* beschreibt nun das Erlebnis, in dem man eine begangene Handlung überdenkt, die in der Erinnerung schmerzt. Mit dieser Erfahrung ist ein Wissen mit einem Gefühl des Schmerzes verbunden als Folge eines Fehlers und aufgrund der inneren Verurteilung, die der Nachdenkende deshalb erfährt. Durch diesen *Schmerz* werden wir aber auf uns selbst zurückgeworfen und zur Beratung *über uns selbst* gezwungen. Und so wird der Wissende und der Mitwissende in dieselbe Person verlegt. Damit ist der Weg für die *Selbst*erfahrung in den moralischen Konflikten frei, die uns zu reflektierenden Wesen macht. Und die Instanz dieser Selbstreflexion ist das *Gewis-*

sen. Unser Ich erkennt und beurteilt sich in kritischer Distanz und Betrachtung des eigenen Handelns.

Dass wir uns als Menschen in dieser Weise über die Schulter schauen können, dass wir zu einer solchen Distanz fähig sind, ist wirklich eine staunenswerte Gabe. Eigentlich muss man sagen, dass hier überhaupt die Wurzel aller Freiheit liegt! Denn diese Distanz ermöglicht erst die kritische Auseinandersetzung mit sich selbst, mit dem eigenen Tun und Lassen. Bei allen heutigen ökologisch-ethischen Versuchen, die leidensfähige Kreatur in ihrer Würde aufzuwerten – nämlich die Annahme, dass auch höher entwickelte Tiere über eine Intelligenz verfügen, in der sehr differenzierte Fähigkeiten zum Vorschein kommen – muss man sagen: Anders als das Tier ist der Mensch nicht einfach seinen unmittelbaren Anstößen so ausgeliefert, dass er mehr oder weniger in seine Impulse versunken bleibt. Sondern die Gewissenserfahrung zeigt: Wir vermögen über uns nachzudenken, ja, wir müssen uns in der Gegenüberstellung mit uns selbst und unserem Handeln auseinandersetzen. Als Menschen können wir uns in unserem Tun beobachten, beurteilen, die Richtung des Handelns entsprechend diesem Urteil unter Umständen verändern und uns korrigieren. Und darin drückt sich tatsächlich eine tiefe Würde und eine selbst verantwortete Identität aus. Solche moralische Kraft bezieht sich nicht nur auf die Vergangenheit. Sie ist die Fähigkeit, das eigene Handeln umfassend zu bedenken, zu ermessen und zu entwerfen.

Es ist Immanuel Kant, der Philosoph der Aufklärung, der diese Urerfahrung des Gewissens auf dem Grunde jeder moralischen Erfahrung beschrieben hat. Von ihm stammt die berühmte Formulierung des kategorischen Imperativs, mit dessen Hilfe sich nach seinem Verständnis der Mensch immer schon in seinem Gewissen eine freie und vernünftige Lebensführung erarbeiten kann und muss.

„Grundgesetz der reinen praktischen Vernunft: Handle so, daß die Maxime deines Willens jederzeit zugleich als Princip einer allgemeinen Gesetzgebung gelten könne."

Immanuel Kant, Kritik der praktischen Vernunft, 30

Mit diesem Imperativ ist gesagt: Jeder Mensch überprüft sein Handeln immer schon spontan – wenn er nach seinem Gewissen handelt – an der Frage, ob er bereit ist, jedem anderen, der sich in der gleichen Situation wie er befindet, die entsprechende Handlungsweise zuzugestehen. Ob er dieses Handeln in diesem Sinne ohne Rücksicht auf seine persönlichen Interessen für ganz allgemein (universal) gerechtfertigt hält oder nicht. Deshalb wird er frei von den unmittelbaren Abhängigkeiten des eigenen Vorteils und dem bloßen unmittelbaren Lustgewinn. Weil der Einzelne in sich die Fähigkeit zu diesem unabhängigen Urteil hat, weil mit jedem Menschen das Ringen um eine solche letzte Verantwortung in diesem Sinne immer wieder neu beginnt, deshalb hat jeder Mensch eine Würde, die sich nicht mehr in einem Kalkül berechnen lässt, sondern unantastbar und unwiederholbar ist. Es ist die Aufgabe eines jeden, jenseits der blinden Bindung an die kleinen und großen Bedürfnisse dem Leben eine Ausrichtung zu geben, die er in Autonomie und Souveränität bestimmt. Der Mensch besitzt in diesem Sinne eine Unabhängigkeit und Intimität, die seine große Einzigartigkeit begründet.

Wenn man sich diese Zusammenhänge bewusst macht, dann wird auch der Aufbau des modernen, freiheitlichen Lebens in seiner Logik verstehbar: Im Grundrecht der Gewissensfreiheit, das am Anfang der Grundrechtskataloge der sich bildenden modernen Demokratien formuliert ist, wird dieses Bewusstsein um die Würde des Menschen zur Mitte der demokratischen Kultur. Weil jeder Mensch diese tiefste Souveränität besitzt, wie sie Kant beschreibt, und weil von ihr alle ethische Kraft und menschliche Verantwortung herkommen, muss der Einzelne mit dieser Gabe unbedingt geschützt werden. Darin kommt die große Hochachtung vor dem Gewissen zum Ausdruck, die auch heute noch das Verständnis von Freiheit und Menschenwürde prägt. Diese Hochachtung umfasst sowohl die persönliche als auch die politische Kultur.

IM GEWISSEN SPRECHEN DIE MÄCHTIGEN

An diesem Punkt könnte man versucht sein, den Durchgang durch die Geschichte abzubrechen und zu sagen: Es ist ja nicht nur die Bibel, die so hoch vom Menschen und seinen moralischen Möglichkeiten denkt, wie es das erste Kapitel gezeigt hat. Sondern es gibt in der menschlichen Geschichte selbst die Sehnsucht nach dem unbedingten Optimismus und der Verantwortungsfähigkeit, wie eben deutlich wurde. Diese Sehnsucht drückt sich ja gerade in der Überzeugung von der Freiheit des Menschen als Mitte unserer Kultur aus. Denn wenn unsere Gesellschaft den Wert der Freiheit durch das Grundgesetz als Grundlage des politischen Lebens schützt, dann fordert sie damit doch zugleich, dass jeder diesen Wert in einer ganz tiefen Weise achtet und sich für seine Entfaltung und Erhaltung einsetzt. Dann muss es auch möglich sein, in der jetzigen Zeit in seinem Gewissen eine klare Orientierung zu finden und danach zu leben.

Aber das Rad der Geschichte dreht sich weiter, und damit kommen Zusammenhänge zu Tage, welche den Zweifel an der Klarheit der Gewissensstimme begründen. Man hat von drei Demütigungen gesprochen, die das Bild vom freien und selbstbestimmten Menschen in der modernen Zeit radikal infrage gestellt haben – und damit auch die Würde des Gewissens: die Erkenntnis, dass unsere Erde nicht der Mittelpunkt des Weltalls ist (kopernikanische Wende), die Einsicht, dass der Mensch in einer Reihe mit der Entwicklung der Tiere steht (Evolutionslehre) und die Entdeckung, dass sein Bewusstsein durch vielfache Zwänge aus dem Unbewussten beeinflusst und gelenkt ist (Tiefenpsychologie). Damit wird die Erde zu einem Staubkorn im Weltall und der Mensch zum höheren Tier. Und das Gewissen gerät zum Spielball des Unbewussten. Schon Kant, der die Freiheit des Menschen so hoch achtet und vorhin als entscheidender Vertreter der Aufklärung zitiert wurde, denkt darüber nach, dass der Mensch in der Größe des Weltalls wie verloren erscheint.

> *„Der … Anblick einer zahllosen Weltenmenge vernichtet meine Wichtigkeit, als eines thierischen Geschöpfs, das die Materie, daraus es ward, dem Planeten (einem bloßen Punkt im Weltall) wieder zurückgeben muss, nachdem es eine kurze Zeit (man weiß nicht wie) mit Lebenskraft versehen gewesen."* *Ebd., 162*

Am Anfang dieses Kapitels wurde es schon angedeutet: Vor allem die psychoanalytischen Untersuchungen des 19. und beginnenden 20. Jahrhunderts bringen diese Krise des menschlichen Selbstbewusstseins auf den Punkt. Und sie ziehen daraus ganz entschiedene Konsequenzen, die das Gewissen in seiner Schwäche und Abhängigkeit offenbaren. Es bleibt nicht mehr sehr viel übrig von seiner Würde als moralischer Kompass.

Nach Sigmund Freud sprechen aus dem Gewissen nicht Selbstbestimmung und moralische Verantwortung, sondern ein verdrängter Konflikt und unbewusste autoritäre Manipulationen. Es sind die verinnerlichten Wertmaßstäbe der Eltern (Über-Ich). Und diese Maßstäbe haben eine widersprüchliche Wirkung: Sie geben zwar auch Orientierung, weil sie ein Zeugnis dafür sind, wie wir uns mit unseren Eltern identifizieren, ihnen ähnlich sein möchten (Ödipuskomplex). Und als Zeugnis dieser Liebe gehören sie auch notwendig zur psychischen Stabilität des menschlichen Selbst- und Wertbewusstseins dazu. Zugleich aber richtet dieses Über-Ich seine Wirkung gegen das individuelle Ich und seine Bedürfnisse. Weil es aus Spannungen der frühen Kindheit stammt, die verdrängt worden sind, ist es für die veränderten, neuen Situationen und Bedürfnislagen des erwachsenen Menschen nicht wendig genug:

> *„Der Elterneinfluß regiert das Kind durch Gewährung von Liebesbeweisen und durch Androhung von Strafen, die dem Kinde den Liebesverlust beweisen und an sich gefürchtet werden müssen. Diese Realangst ist der Vorläufer der späteren Gewissensangst; solange sie herrscht, braucht man von Über-Ich und von Gewissen nicht zu reden. Erst in weiterer Folge bildet sich die sekundäre Situation aus, die wir allzu bereitwillig für die normale halten, daß die äußere Abhaltung verinnerlicht wird, daß an die Stelle der Elterninstanz das Über-Ich tritt, welches nun das Ich genau so beobachtet, lenkt und bedroht wie früher die Eltern das Kind. … Das Über-Ich scheint [dabei aber] in einseitiger Auswahl nur die Härte und Strenge der Eltern, ihre verbietende und strafende Funktion aufgegriffen zu haben, während deren liebevolle Fürsorge keine Aufnahme und Fortsetzung findet."*
>
> *Sigmund Freud, Studienausgabe. Bd. 1, 500f*

Letztlich bedroht uns so das Gewissen nach diesem Verständnis mit einer lebensfernen Starrheit und verdrängten Konflikthaftigkeit. Das, was die Eltern uns als gut und böse anerzogen haben, wiederholt es immer wieder, wenn wir als Erwachsene moralische Fragen haben, ganz gleich wie angemessen das alte Maß in den neuen Lebenslagen unserer Entwicklung noch ist. Und nach den Eltern sind es die anderen Autoritäten, die wie sie unser Gefühl für richtig und falsch prägen, weil wir nicht gelernt haben nachzudenken, sondern spontan das Befolgen der Weisungen von außen als moralisch erleben. Und so sind es schließlich die Mächtigen, die Autoritätsnachfolger der Eltern, die aus dem Gewissen sprechen – Menschen wie wir, die sich aber anmaßen, über uns zu herrschen, indem sie gerade die Mitte des moralischen Empfindens unter ihre Gewalt bringen:

> *„Der Glaube an Autoritäten ist die Quelle des Gewissens: es ist also nicht die Stimme Gottes in der Brust des Menschen, sondern die Stimme einiger Menschen im Menschen.“*
>
> *Friedrich Nietzsche, Menschliches, Allzumenschliches, 902*

Wie anders klingen solche Deutungen des Gewissens als die staunende Bewunderung seiner Tiefe. Das Vertrauen in das Gewissen als Ort der Freiheit ist in Angst und Abwehr umgeschlagen. Und es ist ja auch richtig: Oft lässt sich nicht ganz unterscheiden, wo hilfreiche moralische Impulse aus unserem Herzen sprechen und wo wir vor unserem schlechten Gewissen geschützt werden müssen. Weil in ihm Stimmen sprechen, die uns nicht frei machen, sondern manipulieren, demütigen und entfremden. Ist das Gewissen eine Erfindung derer, die über uns Macht ausüben wollen? Der Eltern, der Lehrer, der Priester?

IM GEWISSEN SPRICHT GOTT

Es ist interessant zu sehen, dass die Theologie in ihrer Geschichte nicht einfach nur eine Seite der Gewissenserfahrung aufgegriffen und betont hat: ihre tiefe Würde und Sicherheit bzw. ihre Hilflosigkeit und Angreifbarkeit. Auf der einen Seite hält die theologische Deutung die unzerstörbare Kraft des Gewissens fest. Sie hat einfach die Hoffnung, dass der Mensch trotz der Konflikte in seinem Gewissen nicht nur sich selbst begegnet, sondern dass er hier auch die treue Zuwendung Gottes erfahren kann. Jene Zuwendung, die bis in die Abgründe des Lebens hineinreicht und welche den Menschen ethisch realistisch und mutig zugleich macht. Auf der anderen Seite hat sie in ihrer langen Tradition das Gewissen gerade immer wieder in Auseinandersetzung mit den Spannungen und Lasten des menschlichen Lebens bedacht. In der Begegnung mit Gott ist der menschlichen Gewissenserfahrung das mühsame Ringen um die eigene Freiheit und Integrität nicht erspart. So entsteht eine sehr ausgewogene und vorsichtige Beurteilung des Gewissens: Es ist Kompass der Freiheit, weil es aus der Begegnung mit Gott immer neue Ideen erhält, um der eigenen Würde gerecht zu werden. Aber auch, weil es sich den komplizierten Entscheidungen des Lebens zu stellen vermag.

Wenn man zunächst in die Bibel schaut, findet man die ersten Anhaltspunkte für eine solche Sicht: Die alttestamentliche Sprache drückt die Erfahrung des Gewissens nicht wie die griechische Kultur in einem Begriff des Wissens oder rationaler kritischer Beurteilung aus, sondern im hebräischen Wort *leb* (Herz). Das aber heißt: Für die Bibel erleben wir die Konflikte zwischen dem, was gut oder was böse ist, in unserem Herzen! Nicht nur in unserem Kopf! Es ist eine Zerrissenheit, die sehr tief gehen kann – eben bis in das Herz. Aber diese Konflikte sind zugleich geborgen in der Beziehung zu Gott. So betet der Psalmist:

„Gott, sei mir gnädig nach deiner Huld,
tilge meine Frevel nach deinem reichen Erbarmen!
Wasch meine Schuld von mir ab,
und mach mich rein von meiner Sünde.
Das Opfer, das Gott gefällt, ist ein zerknirschter Geist,
ein zerbrochenes und zerschlagenes Herz
wirst du, Gott, nicht verschmähen." *Ps 51,3–4.19*

Wenn man das richtig versteht, dann bedeutet das: Das Nachdenken, die Selbstbeurteilung und die Erkenntnis von „Richtigem“ und „Falschem“, die für das Handeln wichtig sind, sind nach dem Verständnis des Alten Testamentes aus der Beziehung zu Gott heraus möglich. Der Glaube an Gott hat für das Gewissen eine heilende Wirkung. Denn die heftige Spaltung, die man im Gewissen erfahren kann und die im griechischen Denken an der Wurzel seiner Deutung steht, wird im Gegenüber Gottes gemildert: Weil die Beziehung zu Gott den Menschen zu einer Person macht, die ihr Leben frei entfalten und unter dem Anspruch und Anruf Gottes gestalten soll und darf, ermöglicht sie auch das bewusste und verantwortungsvolle Handeln des Menschen. Kurz gesagt: Im Alten Testament wird aus dem quälenden Nachdenken des Menschen über sich selbst das intensive Hören auf Gott. Alles Grübeln, was ich tun soll, dieses ganze Sich-selbst-Beobachten, ob ich etwas richtig oder falsch gemacht habe, findet danach einen tiefen Ausgleich und Halt, wenn man sich im Gebet Gott überlassen kann. Das heißt, die Entscheidungen, die man zu treffen hat, zwar ganz vernünftig zu bedenken, sie aber im Letzten an Gott abzugeben und sich seiner Führung zu überlassen.

Wie frei und sicher ein solcher Umgang mit dem Gewissen machen kann, das wird schließlich in den neutestamentlichen Glaubenszeugnissen deutlich. Der Mensch gewinnt für das Neue Testament in der heilsgeschichtlichen Glaubenserfahrung von Tod und Auferstehung Jesu die letzte befreiende Souveränität, die im ersten Kapitel als Grunderfahrung in der Bibel beschrieben wurde und die auch das Gewissen umfasst.

Paulus verwendet zum Beispiel den aus der griechischen Sprache übernommenen Begriff *syneidesis*. Er deutet ihn aber im Sinne der radikalen Zuwendung Gottes. So wird dieses Wort im Römerbrief durch *pistis* (Glaube) ersetzt. In Röm 14,23 heißt es:

> *„Alles, was nicht aus Überzeugung [*ek pisteos, *aus Glauben] geschieht, ist Sünde.“*

Hier wird die moderne Einsicht, dass das Gewissen gerade die Mitte des Menschen, sein Innerstes und seine eigentliche Freiheit ausmacht, vorweggenommen. Ja, diese Einsicht wird vom Glauben her gedeutet. Denn Paulus nimmt so letztlich den Gewissensbegriff als Ausdruck für das zentrale Selbstbewusstsein des *gläubigen* Menschen. Dieser lebt im Glauben aus der Freiheit der Beziehung zu Christus. Davon ist das Verhältnis zum Staat berührt (vgl. Röm 13,5). Ein Christ achtet zwar die Autorität der Verantwortlichen und die Hüter der öffentlichen Ordnung. Aber er weiß immer, dass keine Macht in der Welt absolut ist und dass niemand von ihm einen absoluten Gehorsam fordern darf außer Gott allein. So wie Christus gegenüber dem religiösen und weltlichen Führern seiner Zeit aus einer inneren Unabhängigkeit gehandelt hat, weil er sich nur dem Willen Gottes verpflichtet gefühlt hat, so ist jeder Christ in seiner Beziehung zu Christus einer Führung unterstellt, die sich aus dieser Bindung schenkt und durch nichts eingeschränkt werden kann. Oder die Freiheit des Christen geht den Streit um das Opferfleisch an, der die ersten Christen sehr bewegt hat und der in den Paulusbriefen erwähnt ist. Dabei stand die Frage im Raum, ob man Fleisch, das eigentlich für die heidnischen Opferrituale auf dem Markt verkauft wurde, als Christ kaufen und essen darf (das könnte ja missverstanden werden, als würde auch der Christ den heidnischen Göttern opfern). Paulus fordert hier, das Tabu, Opferfleisch zu essen, zu relativieren. Nach ihm kann der Christ auch dieses Fleisch kaufen und essen. Denn der Christ ist in seinem Gewissen frei und weiß, dass dieses Fleisch für ihn ganz gewöhnliches Fleisch ist, weil er nicht an die heidnischen Götter glaubt. Und dennoch verlangt Paulus auch, dass die Freiheit der Stärkeren auf die Schwächeren, die sich in dieser Sache ein schlechtes Gewissen machen, Rücksicht nimmt – obwohl die größere Freiheit darin bestünde, vor diesem Fleisch keine Angst zu haben (1 Kor 8; 10,23–33; Gal 2,4; 5,1–12).

> *„Zur Freiheit hat uns Christus befreit. Bleibt daher fest und lasst euch nicht von neuem das Joch der Knechtschaft auflegen."* Gal 5,1
>
> *„Wenn euch aber jemand darauf hinweist: Das ist Opferfleisch!, dann esst nicht davon, mit Rücksicht auf den, der euch aufmerksam macht, und auf das Gewissen [sunei,dhsij]; ich meine das Gewissen des anderen, nicht das eigene; denn [an sich gilt]: Warum soll meine Freiheit vom Gewissensurteil eines anderen abhängig sein?"* 1 Kor 10,28f

Nach dem Verständnis des Paulus macht die Beziehung des Menschen zu Christus den Menschen in diesem Sinne in seinem Gewissen so frei, dass er die Wirklichkeit immer neu auf die Möglichkeiten für ein menschliches Leben hin lesen und gestalten darf. Unsinnige religiöse Tabus werden dadurch ebenso relativiert wie die Macht des Staates, die Ängstlichkeit von Mitmenschen ebenso wie die Bindung an nicht sachgemäße Vorschriften usw. Und doch reicht diese Freiheit auch so tief, dass selbst die eigenen Interessen – obwohl berechtigt! – in manchen Situationen um des Mitmenschen willen zurückgestellt werden können.

DAS GEWISSEN HAT UNTERSCHIEDLICHE SCHICHTEN

Eine solche Sicht ist radikal! Was für ein Halt, der sich für den Umgang mit der Freiheit aus der Beziehung zu Gott schenken kann!

Allerdings – auch hier kann man noch einmal den Verdacht der heilen Sicht vorbringen und zu bedenken geben: Ist in solchen Deutungen der Bibel tatsächlich auch eine Antwort auf die Widersprüche *heutiger* Gewissenserfahrung enthalten? Die Bibel kannte doch weder die moderne Psychologie mit ihren Einsichten in die vielfältige Abhängigkeit und Zwanghaftigkeit des Gewissens noch die heutigen Schwierigkeiten, in einer pluralistischen Gesellschaft nicht in Beliebigkeit und in eine bloße Orientierung an den eigenen Interessen zu versinken! Ist es nicht doch sehr viel schwieriger geworden, in der gegenwärtigen Welt mit der Freiheit angemessen umzugehen, als es in den biblischen Texten deutlich wird?

Doch die Theologie hat die in der Bibel grundgelegte Auffassung des Gewissens in den verschiedenen Epochen der Kulturgeschichte immer wieder gerade mit den Herausforderungen der jeweiligen Zeit zu konfrontieren versucht. Es ging ihr darum, die theologische Deutung in die Suche mit einzubringen, die alle Abschnitte der Geschichte in ihrem Verständnis der Möglichkeit moralischer Orientierung beschäftigt haben.

Und so kann Thomas von Aquin zum ersten Mal eine differenzierte Sicht des Gewissens entwerfen, die zwischen verschiedenen Ebenen und Tiefenschichten unterscheiden kann. Sie vermag dem Gewissen Beständigkeit und Unantastbarkeit auf der einen Seite, aber auch Offenheit und Lernfähigkeit auf der anderen zu sichern. Thomas spannt einen Bogen, der dem Gewissen auf der einen Seite eine feste Geborgenheit in der Tiefe der Anlage und auf der anderen Seite die Kraft zur mutigen Auseinandersetzung mit den vielfältigen, je neuen Herausforderungen des Alltags zugleich eröffnet.

Denn Thomas unterscheidet in der Gewissenserfahrung zwischen *synderesis* und *syneidesis*, *synteresis* und *conscientia*. Diese Unterscheidung verdankt sich einer versehentlich falschen Abschrift des Ezechielkommentars des hl. Hieronymus. Die Abschrift hat in der Theologiegeschichte die Entstehung eines ganz neuen Wortes und damit diese Differenzierung angestoßen. Das falsch geschriebene Wort (statt *syneidesis* stand dort versehentlich *synderesis*) wurde sehr bald in den lateinischen Kommentaren als eine eigene Stufe im Gewissen gedeutet: Die *synderesis* oder *synteresis* wurde als angeborenes Urgewissen von der *conscientia* als konkretem Gewissensurteil (Situationsgewissen) getrennt. Diese Trennung zwischen den Gewissensteilen, die seit Mitte des 12. Jahrhunderts aufkommt, konnte zunächst in der Auseinandersetzung um das irrende Gewissen eine große Hilfe sein: Das Urgewissen wurde als unfehlbar verstanden, dass Gewissensurteil konnte nach diesem Verständnis fehlgehen. So konnte man das Problem lösen, dass das Gewissen trotz seiner großen Würde eben doch immer wieder so fehlbar und verfälscht sein kann. Solche Vorstellungen gelangten über Abaelard, Bernhard von Clairvaux, die Synode von Sens zu Petrus Lombardus und Thomas. Von ihm wird dem *Urgewissen* schließlich systematisch die Einsicht in die grundlegenden ersten Prinzipien sittlicher Einsicht zugerechnet (lateinisch: *bonum faciendum, malum vitandum*, das heißt: das Gute ist zu tun, das Böse ist zu meiden). Diese Grundintuition ist unverlierbar und hier gibt es nach dieser Deutung für das Gewissen keinen Irrtum. Das *Handlungsgewissen* aber muss die Prinzipien dann auf die konkreten Lagen des alltäglichen Handelns beziehen. Hier kann der Mensch selbstverständlich Fehler machen und sich irren.

Dieser ganze Vorgang ist ein reizvolles Detail in der Geschichte der Deutung des Gewissens und lädt zu einem tieferen Nachdenken darüber ein, in welcher Weise Gottes Geist die theologischen Forschungen begleitet und durchwirkt. Denn es ist ja tatsächlich so: Die fehlende Sorgfalt oder Schläfrigkeit des Abschreibers wird zum Anlass dieser heftigen theologischen Debatte um die Tiefe des Gewissens. Aber wie auch immer man die historischen Zufälle der Entstehung des Ansatzes verstehen will – Thomas kann mit dieser Konzeption jedenfalls auf die Fragen seiner Zeit eine tiefe Antwort geben:

dass der Mensch in seinem Gewissen seine *eigenen Erfahrungen* machen und diese für das ethische Urteil vielfältig aufnehmen muss und darf (das ist das Situationsgewissen, das begrenzt und immer unsicher ist). Dass er aber zugleich einen *letzten Halt* in der Bindung an Gott hat, die ihm hilft, sich in der Vielfalt der täglichen Herausforderungen nicht zu verlieren (in diesem Sinne wirkt das Urgewissen, das das Geschenk Gottes ist und ein letztes Wissen um Gut und Böse unzerstörbar in sich trägt).

GEWISSEN – DER GEDULDIGE WEG DER LERNENDEN FREIHEIT

Wenn man von hier aus zu der Frage zurückkehrt, ob die Theologie eine Antwort darauf hat, wie der Mensch mit dem wunderbaren Geschenk der Freiheit heute sinnvoll umgehen kann, dann fällt die Antwort ganz im Sinne dieser klugen Unterscheidung des Thomas von Aquin aus. Denn im Blick auf das rechte Verständnis des Gewissens, das oben zwischen dem Respekt vor seiner Tiefe und der Angst vor seiner Manipulierbarkeit und Schwäche offen geblieben ist, lässt sich mithilfe der Theologie des Thomas eine Lösung formulieren. Der Widerspruch zwischen der Hochachtung und dem Misstrauen gegenüber dem Gewissen, zwischen Größe und Begrenztheit des Gewissens wird verstehbar. Die beiden Ebenen des Gewissens, das suchende konkrete Gewissensurteil und die unzerstörbare souveräne Gewissensanlage, lassen sich in modernen Worten vielleicht so beschreiben: Das Gewissen hilft, in der Gestaltung der Freiheit realistisch und vernünftig zu sein – ja, auch seine moralischen Grenzen und Abhängigkeiten zu erkennen. Aber es macht zugleich immer wieder Mut, nicht zu resignieren und an die Möglichkeit zu glauben, dass man sein Leben nach moralischen Überzeugungen und Idealen tatsächlich verändern kann.

Genauer gesagt muss man in diesem Sinne auf der einen Seite zugeben: Die Beobachtungen der Psychologie sind ganz korrekt und wichtig. Das Gewissen bleibt auch in der Welt von heute vielfachen Herausforderungen unterworfen und muss sehr viel lernen. Niemand kann sich der Mühe entziehen, im Ringen um die eigene psychische Unabhängigkeit den unbewussten Einfluss von Milieu, Familie, Tradition und anderen Autoritäten zu bedenken. Dort, wo man zum Beispiel aufgrund eines übersensiblen Gewissens oder völlig falscher Erziehung große Probleme hat, das seelische Gleichgewicht zu bewahren und eine vernünftige Lebensbewältigung zu finden, muss man ganz bewusst therapeutische Angebote in Anspruch nehmen, damit die Gewissenserfahrung ihre Kraft sinnvoll entfalten kann. Aber auch, wenn es nicht um krankmachende Probleme geht, ist jeder herausgefordert, sein Gewissen in vernünftiger Vertiefung zu *bilden*. Das heißt, es geht um das Nachdenken über die großen Werte, wie sie die moralischen Traditionen kennen, über die Argumente der ethischen Denker. Es ist die Auseinandersetzung mit Vorbildern und dem Leben der Heiligen immer wieder gefragt. Die regelmäßige Information und die persönliche Aneignung des ethischen Wissens sind Teile dieser Formung. Sie sind nicht einfach veraltete Methoden einer vergangenen Pädagogik und Katechese. Auch die Erziehung der Kinder durch die Eltern, der Ethikunterricht in der Schule und die weisende Hilfe des kirchlichen Lehramts gehören hierher. Nur so kann das Gewissen reifen und über den eigenen subjektiven Horizont hinaus das sichere Gespür für das Gute bekommen.

Und dennoch ist mir in dieser bewussten und spontanen Entwicklung meines Gewissens eine Freiheit geschenkt, die der Intimität jedes einzelnen Menschen in seiner Beziehung zu Gott entspricht. Gerade weil jeder Einzelne in seinem Gewissen vor Gott steht, bleibt seine Gewissensentscheidung letztlich ein ganz persönlicher Lebensweg mit ihm. Auf der

Ebene der psychischen Auseinandersetzungen, der vielfältigen Lebenserfahrungen, der vernünftigen Bildung und immer neuen Schulung ist das Gewissen sicherlich schwach und stark zugleich, entscheidungsfähig und abhängig, bedroht und souverän. Doch auf der Ebene der Beziehung zu Gott ist uns im Gewissen nicht nur eine letzte prinzipielle Unterscheidungsgabe im Blick auf Gut und Böse zugesichert. Sondern es ist uns auch ein Versprechen gegeben, das aus der Offenheit unserer letzten Gewissenstiefe auf Gott hin aufscheint. Es ist das Versprechen, dass mein Leben gelingen wird, dass es ein Ziel hat und eine unzerstörbare moralische Würde. Aus der Erfahrung der Treue Gottes schenkt sich auch die Zuversicht, in den Herausforderungen des eigenen Lebens nicht unterzugehen, sondern bestehen zu können.

Deshalb ermutigt uns der christliche Glaube auch heute zu einer anderen Haltung als nur zu der stillen Resignation, die für viele in Sachen Moral oft die noch einzige Möglichkeit darstellt. Der Rückzug auf die bloße illusionslose Ehrlichkeit in der Lebensbewältigung ist zu wenig! Sicherlich geht es um Ehrlichkeit im Leben, nicht um die großartige Verkündigung ethischer Ideale, die nicht eingehalten werden könnten. Aber eine solche Aufrichtigkeit muss sich die Mühe machen, zu unterscheiden: Wo kann ich die Grenzen der Gestaltungsfähigkeit meines Lebens verschieben, psychische, soziale und sogar politische Zwänge auflösen, im Dienst an menschlicher Reife und Solidarität zumindest ein wenig verändern? Wo aber ist auch die Kraft gefordert, mit bleibender Bedingtheit und unüberwindbaren Begrenzungen zu leben? Vielleicht kann man es ganz kurz so sagen: Weil Gott unser Leben begleitet, ist es möglich, gut zu unterscheiden, wo ich Selbstüberschätzung vermeiden muss, welche Behinderung ich durch Phantasie und Kreativität überwinden und wo ich mich durch Bekehrung erneuern kann, welche Grenzen meines Lebens ich aber auch aushaltend ertragen muss.

Eine solche Deutung des Gewissens hat auch etwas mit dem „Glauben“ an meine eigene Würde als Mensch mitten in den Widersprüchen des (modernen) Lebens zu tun. Es geht um den Glauben an die Chancen, tatsächlich zu einer personalen Reife zu gelangen, die wirklich trägt und das Leben glücklich und sicher macht. Ohne die Hoffnung darauf, dass das möglich ist – eine realistische, selbstkritische, aber nicht in Angst erstickte Hoffnung und Freude an der Erfahrung des Gewissens –, gibt es eigentlich keine wirklich gute Zukunft für mich persönlich und für mehr Menschlichkeit in unserer Gesellschaft!

DEM LEBEN FESTIGKEIT GEBEN – DER BEFREIENDE SINN DER MORALISCHEN NORMEN

Es ist so wichtig, Hoffnung für das eigene Leben und die Lebensgestaltung zu haben! Das Gewissen hält diese Zuversicht in seiner letzten Tiefe bereit – so könnte man die Gedanken des vorigen Kapitels zusammenfassen.

Aber die eigentliche Nagelprobe auf den guten Umgang mit dem Geschenk der Freiheit steht in einem gewissen Sinn immer noch aus. Denn die Sorge, dass viele heute gerade mit den *Grenzen* der Freiheit nicht mehr zurechtkommen, die ist mit dem Hinweis auf die Gewissenserfahrung noch nicht einfach beruhigt. Muss man da nicht eher über die Bedeutung der Gebote und Normen nachdenken? Denn Gebote und Verbote stecken einen Rahmen ab, an den sich die Lebensentfaltung halten muss und der dem Egoismus, ja der bloßen Orientierung an den eigenen Wünschen, an der persönlichen Befriedigung und dem bloßen Vorteil Widerstand leistet. Sind sie deshalb nicht die eigentliche Hilfe bei der Suche nach gelingender Freiheitsgestaltung und verantworteter Lebensführung?

Auch hier stellen sich viele Fragen ein: Gibt es denn noch konkrete unverrückbare Regeln, an denen man sich orientieren kann? Sind sie in der Widersprüchlichkeit heutiger Erfahrungen noch möglich und erkennbar? Können in der Erziehung der Kinder eindeutige Grenzen gezogen werden, an die sie sich einfach halten müssen? Gibt es solche Grenzziehungen gegenüber den Möglichkeiten der medizinischen Manipulationen? Bei der Entwicklung der Technik usw.? Wie lassen sich solche Vorschriften finden und durchsetzen, die das private Leben, aber noch viel mehr die politischen Entwicklungen leiten und lenken können?

Diese Fragen sind sehr ernst zu nehmen. Denn ohne die klare Erfassung dessen, was im Leben ganz konkret gut und böse ist, verschwindet die Ethik in einem konturlosen Nebel. Letztlich gibt es dann keine wirkliche Richtschnur mehr: Schon der alltägliche Streit zwischen den Kindern lässt sich im Grunde nicht mehr gerecht entscheiden. Und in den großen Räumen der Gesellschaft wird ohne solche Maßstäbe geschehenes Unrecht einfach totgeschwiegen. Die Opfer haben letztlich keine Sprache mehr, mit der sie ihr Leid öffentlich geltend machen könnten.

Es ist allerdings nicht leicht, die Gebote und Normen heute wirklich in einer tragfähigen Weise zu begründen. Und das ist nicht einfach Folge bloßer moralischer Bequemlichkeit. In der jetzigen Zeit müssen viele Einsichten, wissenschaftliche Ergebnisse und gesellschaftliche Anliegen verarbeitet werden, um in einer angemessenen Weise den Herausforderungen auch gerecht zu werden. Hier liegt der Grund dafür, dass die alten Werte – zum Beispiel in der Sexualethik, in der Ethik der Medizin oder im Umgang mit friedensethischen Fragen –, die bisher ungefragt Gültigkeit hatten, zum Teil heftig in Frage gestellt werden. Auf dem Hintergrund der heutigen Wissenschaften, der pluralistischen Gesellschaft und den vielfältigen Bedürfnissen der Menschen ist die Begründung von Geboten und Verboten um vieles anspruchsvoller geworden.

Dennoch ist es sinnvoll, nach einem guten Verständnis der Gebote und Normen als Hilfe für die Gestaltung des Geschenkes der Freiheit zu suchen. Die Vorstellung davon, welche Aufgabe die Formulierung der tragenden Werte für die Lebens-

und Freiheitsgestaltung hat, muss sachgerecht sein. Dann aber lässt sich – so versucht die Moraltheologie auf dem Hintergrund der Glaubenserfahrung der Bibel und ihrer Hoffnung zu zeigen – der Sinn z. B. der Zehn Gebote durchaus auch jetzt noch sinnvoll vermitteln.

FREIHEIT OHNE NORMEN?

Die Kritik an der ethischen Selbstsicherheit und an der fraglosen Gewissheit moralischer Vorgaben, die zurzeit häufig vorgebracht wird, ist dabei wichtig. Eine überzogene Betonung von Geboten und Normen in der Moral führt zur Verkrampfung. Das ist eine bedeutsame Einsicht in der Entwicklung zu mehr Freiheit und Offenheit, wie sie die zurückliegenden Jahre gebracht haben. Ist sie zu weit gegangen? Hat man in dieser Sache übertrieben? Es ist vielleicht gut, sich den Grund für die Suche nach Alternativen zu den harten und strengen Verboten, wie sie die alte Erziehung geprägt haben, noch einmal bewusst zu machen. Es ist die Frage, auf welche Weise die Ideale und Ziele der Lebensgestaltung auch ohne eine belastende Gesetzesmoral vermittelt werden können.

Die Erfahrung, die dahintersteht, ist: Wer seine moralischen Überzeugungen in rigorose Verbote fasst, kann Menschen in einer schlimmen Weise bedrängen. Das biblische Wort von den schweren Lasten, die den Menschen auf die Schultern gelegt werden und die sie in unrechtmäßiger Weise behindern, bleibt gültig. Gebote und Regeln reden in einer allgemeinen Weise, die gerade nicht Rücksicht nehmen kann auf den Einzelfall. Sie müssen verallgemeinern und können keine Sorgfalt walten lassen, warum der Einzelne vielleicht eine Ausnahme braucht und in einer bestimmten Situation sehr individuell handelt.

Deshalb suchen Menschen heute Hilfe bei der Kunst und bei der Psychologie, wenn es darum geht, mit moralischen

Forderungen sinnvoll umzugehen: offen zu sein für die oft hintergründigen menschlichen Schicksale und ihre dahinterstehenden Sehnsüchte und Hilflosigkeiten. Erst wer zu einer solchen Sensibilität fähig ist, kann danach auch die ethischen Ideale aussprechen und an Menschen weitergeben – Ideale, die das menschliche Leben nicht bedrücken, sondern bereichern.

„Ich stehe vor dir mit leeren Händen, Herr;
fremd wie dein Name sind mir deine Wege.
Seit Menschen leben, rufen sie nach Gott;
mein Los ist Tod, hast du nicht andern Segen?
Bist du der Gott, der Zukunft mir verheißt?
Ich möchte glauben, komm mir doch entgegen.“

Huub Osterhuis, übertragen von Lothar Zenetti, GL 621

In diesem Lied spricht der Dichter z. B. den Zweifel an Gott ganz offen aus. Die Anfrage, dass wir als Menschen sterben müssen und dass dies so gar nicht zusammenpasst mit der Vorstellung, dass Gott Leben und Zukunft schenkt, wird ohne Verschleierung und ohne Umschweife ausgedrückt. Und doch kommt auch die Sehnsucht nach Glauben und Geborgenheit in Gott ganz tief zum Ausdruck. So unvermittelt liegen die gegensätzlichen Gefühle und Empfindungen in unserem Herzen ja wirklich beieinander: der Traum von der Sicherheit in Gott und die Angst, dass wir verlassen und einsam sind – der innere Konflikt jedes um Glauben bemühten, aber auch bedrängten Menschen.

Ein solcher künstlerischer Ausdruck bemüht sich um eine Unbefangenheit, die uns in unserer menschlichen Suche, mit allen Wünschen und Ängsten, mit den Idealen und dem Scheitern, dem Mut und der Feigheit ehrlich zu Wort kommen lässt. Und in dieser Ehrlichkeit steckt eine Befreiung, die Verkrampfungen lösen hilft, ethischen Schwung ohne falsche Illusion zugänglich macht. Denn wie in der Liedstrophe, die hier abgedruckt ist, werden in den Romanen, den Filmen oder Theaterstücken die Konflikte, wie sie das Leben mit sich bringt, nicht in eine Logik gebracht, sondern so beschrieben, wie sie wirklich sind.

Der Vorteil an der Sprache der Kunst ist: Sie verurteilt nicht einfach, auch wenn in den Widersprüchen des Lebens Scheitern und Fehler die Regel sind. Sie schildert dagegen ungeschminkt, wie man sich mit seinen Idealen Mühe geben, Erfolg haben oder in Sackgassen geraten kann, stark ist oder feige und schwach. Die Sprache der Kunst macht durch diese Schilderungen einfach Mut, sich selbst nicht zu verachten, sondern Wege zu suchen, mit den Brüchen des Daseins ehrlich und menschlich zu leben. Der Zuschauer im Kino und Theaterraum, der Leser der erzählerischen Beschreibung fühlt mit den dargestellten Figuren, empfindet unmittelbar ihre moralische Sehnsucht und zugleich die Schwierigkeiten, sie tatsächlich verwirklichen zu können. Gerade in diesem Mitfühlen, in dieser Einheit von Hoffnung auf Erfolg und Wissen um die Hindernisse erschließt sich eine ganz tiefe Bewegung: Es gibt eine tiefere Ahnung. Sie lädt ein, nicht aufzugeben, sondern weiterzugehen und nach befreiender Menschlichkeit auch in den verwirrenden Gegensätzen des Lebens immer neu Ausschau zu halten. Das wird jeder wissen, der miterlebt, wie schon Kinder erzählte Geschichten aufnehmen und verarbeiten, in ihr eigenes Leben übersetzen. Oder wieder mit den Worten des Dichters gesagt:

„Von Zweifeln ist mein Leben übermannt,
mein Unvermögen hält mich ganz gefangen.
Hast du mit Namen mich in deine Hand,
in dein Erbarmen fest mich eingeschrieben?
Nimmst du mich auf in dein gelobtes Land?
Werd ich dich noch mit neuen Augen sehen?
Sprich du das Wort, das tröstet und befreit …" *Ebd.*

Der letzte Vers drückt den Sinn dieser ganzen Suche tief aus: Keiner hat seine Würde verloren, ja, selbst wenn er versagt. Wir brauchen oft *Trost*, nicht Verurteilung, damit wir unsere Freiheit recht gebrauchen können, das heißt zu wirklicher Freiheit und Verantwortung befreit werden. Das erzählende Wort der Kunst entspricht in dieser Feinheit in einem gewissen Sinn dem bescheidenen, scheuen Vertrauen in eine solche letzte Aufrichtigkeit, wie sie häufig als einzig noch übrig bleibende Haltung in Sachen der Ethik heute empfunden wird.

Die Gespaltenheit des Menschen zwischen Erfolg und Scheitern, Kraft und Ohnmacht in seiner moralischen Anstrengung wird auch von den psychologischen Überlegungen thematisiert. Sie nehmen die vielfältigen Erfahrungen der Hilflosigkeit des Menschen heute als Erfahrung der psychisch bedingten Erschöpfung menschlicher Freiheit auf. Und analog zur therapeutischen Begleitung wird ein Umgang mit der Ethik gefordert, der sich zunächst vom allgemeinen Anspruch moralischer Normen distanziert. Vor allem die Moraltheologie soll sich danach der konkreten Situation des Einzelnen zuwenden. Dabei könnten die Erfahrungen aus dem Bereich der Therapie eine Hilfe sein.

Denn eine gute Therapie ist eine Form menschlicher Begegnung, in der es um die Aussprache gerade über die intimsten Erfahrungen eines Menschen geht. Im Gespräch mit dem Therapeuten kann man versuchen, seiner persönlichen Lebenssituation ganz nahe zu kommen. Eigentlich ist dabei gar nicht einmal so wichtig, was genau gesprochen wird. Es gibt meist am Ende gar kein konkretes Ergebnis, das man festhalten und mit nach Hause nehmen könnte. Sondern im Sprechen selbst kommt es langsam und schrittweise – oft weiß man gar nicht, warum und wie – zu einer Art Befreiung. Es wird möglich, neue Kraft zu schöpfen, in Kontakt mit den eigenen Ressourcen zu kommen und einen neuen Selbststand aufzubauen.

Wichtig dabei ist: Am Anfang dieses Weges müssen zunächst alle von außen diktierten Maßstäbe vergessen werden. Sonst ist es nicht möglich, die eigenen Gefühle und Bedürfnisse wirklich erfassen und aussprechen zu können. Deshalb bewertet der Therapeut auch das, was ihm sein Klient erzählt, moralisch nicht („Moralisierungsverbot" als therapeutische Haltung). Er lädt ja gerade dazu ein, alles sagen, fühlen und denken zu dürfen, was den Hilfesuchenden belastet: selbst die geheimsten Wünsche, die Regungen des Herzens, welche zunächst als unmoralisch erscheinen – Regungen, deren man sich schämt, weil sie als nicht erlaubt gelten. Erst in einem zweiten Schritt ist es dann möglich, durch den neuen Aufbau der Persönlichkeit aus den Kräften der veränderten psychischen Stabilität das eigene Leben wieder „sozial orientiert" zu leben, also moralischen Ansprüchen zu genügen, die mich in die Pflicht nehmen. Denn erst, wenn ich das Durcheinander in meinem Herzen – die Anforderungen, die Bedürfnisse, die Sehnsüchte, die Ängste, die erlernten Ideale und die wirklich möglichen Kräfte in mir – habe wahrnehmen dürfen, gewinne ich einen Zugang zu den Möglichkeiten und Grenzen meines Lebens. Das alles steht als Ergebnis am Ende des therapeutischen Prozesses – ein Ergebnis, das man *nicht erzwingen* kann.

Ist ein solcher Weg, der sicherlich zunächst einmal nur für eine Therapie zu gelten scheint, nicht auch ein gewisser Spiegel für den Umgang mit Geboten und Normen? Ist es nicht so, dass wir erst dann ethische Maßstäbe realistisch aufstellen und einhalten können, wenn wir unsere seelischen Kräfte unabhängig von Forderungen gefunden haben, die uns hilflos machen und bedrängen?

Fasst man die Anliegen, die hinter der hier beschriebenen Suche nach einer „Moral ohne Normen" stehen, zusammen, dann könnte man es vielleicht so sagen: Sensibilität gegenüber den wirklichen Spannungen des Lebens, Vorsicht gegenüber einer zu voreiligen Harmonisierung der Widersprüche, geduldige Aufrichtigkeit in der bleibenden Suche nach menschlicher Bewältigung des Lebens, das sind die Haltungen, die eine solche alternative Moral jenseits der Gesetzesethik vermitteln will. Sie sieht sich im Kontrast zu den traditionellen Formen, welche sehr stark auf rein vernünftige Denkweisen und allgemeine Vorschriften, im Sinne einer raschen Lösung der ethischen Konflikte, gesetzt hat.

Und man wird sagen müssen, dass diese Infragestellung der Gebote und Verbote, der Normen und Regeln, der selbstsicheren Vorstellungen von ihrer orientierenden Leistung her ein wichtiger Anstoß ist. Dieser Anstoß fragt nach einer tieferen Wurzel des verantwortlichen Umgangs mit der Freiheit. Nicht jeder kann jedem Maßstab einfach genügen! Nicht jede Regelung ist in den nie einfach logischen Wendungen des Lebens für jeden hilfreich! Nicht jede Forderung entspricht den Möglichkeiten und Kräften eines jeden!

Allerdings bleibt am Ende doch auch die Frage: Ist die Konsequenz, die aus dieser Beobachtung gezogen werden muss, der unbedingte Verzicht auf jedes Gebot und Verbot? Bleibt nur die Abschaffung aller Normen, der Verzicht auf alle Regelungen und „repressiven Maßnahmen"? Gibt es nicht auch diese andere Erfahrung: dass der Rückzug auf eine bloße Offenheit, welche hier als Gegenmodell zur „Verbotemoral" gesucht wird, nicht auch zum Ausdruck einer großen Unsicherheit geraten kann?

Denn in ihrer Einseitigkeit könnte eine solche Einstellung nicht nur zu einer sensibleren Sprache führen, sondern auch zur moralischen Sprachlosigkeit. Dann aber würde sie viele Formen von ethischer Resignation, bloßem Indifferentismus und individualistischen Rückzug verstärken, die der Gegenwart zu schaffen machen. Vor allem aber würde sie die Opfer von Gewalt und Zerstörung stumm machen, die keine Instanz mehr hätten, vor der sie ihr erlittenes Unrecht geltend machen könnten! Das entspricht nicht der Absicht der vorgestellten Gedanken.

So geht es in der Suche nach dem rechten Verständnis der Bedeutung von Geboten und Normen für die angemessene Gestaltung der Freiheit um ein Zweifaches: Auf der einen Seite ist eine Offenheit wichtig, die der Tiefe und persönlichen Intimität der Menschen und ihrer Schicksale tatsächlich gerecht wird. Auf der anderen Seite muss man sich aber auch der Verbindlichkeit der moralischen Pflichten stellen, die den moralischen Geboten und Normen entspricht. Ist es möglich, in diesem Sinne die rechte Mitte zu halten zwischen der Auflösung aller Vorschriften und ihrer maßvollen Begründung und Anwendung?

Vielleicht hilft an dieser Stelle der Blick auf die Entwicklung der Moraltheologie weiter, die in ihrer Geschichte immer wieder über die rechte Begründung von Normen nachgedacht hat. In dieser Entwicklung zeigt sich, dass wir durchaus ein ganz spontanes Empfinden für gültige Grundregeln haben, die das Leben ordnen und tragen. Aber zugleich wird deutlich, dass wir bereit sein müssen, in der heutigen Zeit diese Grundeinsichten immer wieder neu auf dem Hintergrund der modernen Erkenntnisse und der gesellschaftlichen Diskussion zu überdenken. Nur dann lassen sich hilfreiche Maßstäbe für die rechte Gestaltung des Geschenkes der Freiheit gewinnen. Ja, letztlich müssen und dürfen wir die Vorschriften in eine tiefere, lebendige Geschichte unseres Lebens mit Gott und vor Gott hineinnehmen. In ihm dienen sie in Menschlichkeit und Freiheit tatsächlich dem Leben. Das gilt es, ein wenig ausführlicher zu entfalten.

DIE ORDNUNG DER NATUR

Es gibt ein ganz unmittelbares Gespür in uns für grundlegende moralische Regeln, die das Leben orientieren und Halt geben. Die katholische Moraltheologie hat in ihrer langen Tradition in diesem Sinne vom *Maß der Natur* gesprochen, an dem sich das menschliche Handeln ausrichten soll. Es geht ihr um ein intuitives Erfassen der natürlichen Ordnung, die Gott selbst dem Leben gibt.

Naturnah zu leben, das ist für viele heute durchaus ein attraktives Ideal. In den Versuchen, ökologisch bewusst zu leben oder sich vernünftig zu ernähren, werden solche Werte auch heute ganz tief respektiert. Die Moraltheologie hatte dabei allerdings ein ganz spezielles Verständnis von Natur im Blick, wenn sie um Natürlichkeit als Maß des Handelns bemüht ist. Schon das antike Denken suchte nach dieser Vorgabe, die sich aus der Wirklichkeit selbst anbietet. In einer Zeit, in der der Mensch vielfach bedroht und der Unberechenbarkeit des Lebens ausgeliefert war, gab es vor allem eine Sehnsucht nach Beständigkeit und Sicherheit. Sie ist auch gut verständlich. Dort, wo der Tod jederzeit seinen Tribut verlangen konnte, wo die Abhängigkeit von der Natur, vom Wetter und landwirtschaftlicher Produktion unvergleichlich größer war als heute, drängt die Frage nach dem, was dem Leben Bestand gibt, unmittelbar.

Nach diesem Verständnis ist es die erstaunliche menschliche Fähigkeit, allgemeine Maßstäbe direkt zu finden, an denen die Verhaltensweisen des Einzelnen und Regeln der Gesellschaft überprüft und ausgerichtet werden können. Die Idee ist: Kann nicht der Mensch in der Fähigkeit, über das Konkrete und Zufällige hinaus auch Allgemeingültiges erkennen zu können, an der Tiefe des Absoluten Anteil nehmen? Findet er hier nicht eine Festigkeit, die den Unsicherheiten des alltäglichen Lebens entzogen ist – eine verlässliche Welt?

Bedeutende Grundsätze und erste grundlegende Inspirationen der Moral sind in diesem Zusammenhang formuliert worden. Sie wurden und werden auch heute noch als ganz natürliche Hilfe erlebt, woran man sich in seinem Tun orientieren kann, damit es menschlich zugeht: Jeder weiß, dass extreme Haltungen oft wenig hilfreich sind, z. B. weder riesige Verschwendung noch übertriebene Sparsamkeit; dass häufig in der rechten Mitte (*to meson*) der Weg liegt, der am gerechtesten ist und den Menschen glücklich macht; Eltern, die die Verschiedenheit ihrer Kinder erleben, spüren intuitiv, dass jedes gemäß seinen Bedürfnissen und seinen Fähigkeiten berücksichtigt werden muss (*suum cuique* = jedem das Seine); jeder Arzt, jeder Pflegende hält sich spontan an den Grundsatz, dass es der Medizin um das Wohl des Menschen gehen muss, dass er ihm nicht schaden darf (*beneficere; neminem laedere*); jeder Kaufmann geht davon aus, dass Verträge eingehalten werden (*pacta sunt servanda*); und dass Eigentum zu achten ist. Ähnlich „natürlich" und direkt begreiflich sind moralische Überzeugungen wie die, dass die Lüge das Wesen menschlicher Kommunikation zerstört, dass die Tötung eines unschuldigen Menschen unmittelbarsten Instinkten und sozialen Sehnsüchten nach Frieden, gegenseitigem Respekt und Sicherheit widerspricht, usw. Diese Prinzipien sind insofern natürlich, weil sie sich einer ganz unwillkürlichen Einsicht geradewegs aufdrängen. Sie ordnen das menschliche Leben und geben ihm ein Gerüst, weil sie vernünftig sind und den Abläufen des Lebens ganz tief entsprechen. Sie strahlen moralische Zuverlässigkeit und Übersicht aus.

Das ist sicherlich eine etwas andere Art, Natürlichkeit und Naturnähe zu verstehen, als wir es heute tun. Und doch steht eine solche Form ethischen Denkens auch heute noch für ausgesprochen deutliche ethische Normen, für ein konkretes Profil moralischer Wegweisung. Und was die Halt gebende Kraft dieser – wie die Fachsprache sagt – „naturrechtlichen Ethik" auch für die gegenwärtige Zeit noch verstärkt, ist der Umstand: Die mittelalterliche Theologie hat die antike Vorstellung im *christlichen* Naturrechtsverständnis zu einer personalen Ethik ausgebaut. Das heißt: Aus dem eher unbeweglichen antiken Denken wird in der christlichen Deutung eine geschichtlich-dynamische Orientierung des Menschen. Ein faszinierendes Gleichgewicht zwischen der bleibenden Achtung der natürlichen Voraussetzungen menschlichen Lebens und einer wirklich am Menschen orientierten Ethik entsteht. Für Thomas ist das Naturrecht etwas, was der Mensch durch seine Vernunft entdecken, beschreiben, ja in diesem Sinne ausdrücken und ausdeuten muss (*aliquid per rationem constitutum* STh I–II, q. 94, a. 1). Der Mensch muss die Natur in der menschlichen Kultur formen.

Was das bedeutet, das kann man sich etwa am Wandel der Stellung der Frau in einer solchen christlichen Ethik deutlich machen. Sicherlich: Diese christliche Interpretation hatte noch nicht die Kraft, etwa den Gedanken der Sklaverei oder die Intoleranz gegenüber den Häretikern, den Andersdenkenden in Sachen des Glaubens, zu überwinden. Und sie hat auch nicht sogleich zur Gleichberechtigung zwischen Frau und Mann geführt. Aber in der Antike wurde die Ehe vorrangig als naturhaft geordnete Beziehung zwischen Frau und Mann im Gesamt der Gesellschaft verstanden. Wie bei den oben angeführten „natürlichen" spontanen Einsichten verstand man es als vollkommen klar, dass die Welt der Familie auf den Mann als Oberhaupt zugeschnitten war und der Gesellschaft in der Weitergabe menschlichen Lebens zu dienen hatte. Dagegen spricht die christliche Theologie des Thomas nicht nur von der Nachkommenschaft, sondern auch von der Freundschaft zwischen den Eheleuten als dem „natürlichen Ziel" der ehelichen Gemeinschaft. Sie tut das, weil die Begegnung mit dem lebendigen, persönlichen Gott der Heilsgeschichte der Horizont ihres Denkens ist und nicht die bloße unpersönliche Ordnung des Kosmos der Antike. Dadurch wird in der Kultur der Familie eine Erfahrung entdeckt, welche einen Grundstein für die spätere Verständnisweise ihrer tiefen inneren Bedeutung als Raum persönlicher Begegnung, Intimität und

Liebe zwischen gleichberechtigten Partnern gelegt hat. Und im Hinblick auf die gesamte geistesgeschichtliche Entwicklung hat diese Theologie schließlich die Entfaltung des modernen Völkerrechts angestoßen. Die Einsicht in die alle menschliche Wesen miteinander verbindende vernünftige Natur wird am Ende zur Basis der Menschenrechte: Jedem, der zur natürlichen Gattung des Menschen gehört, werden die Rechte als Mensch zuerkannt, unabhängig von seiner sozialen Stellung, von seinem Einfluss oder seinem Reichtum – zum Schutz der Freiheit des Menschen, die mit seiner Vernunftfähigkeit und Würde zusammenhängt.

NORMEN UND GEBOTE BEHINDERN, WENN SIE EINFACH FALSCH SIND

Wer die bisherigen Gedanken unbefangen betrachtet, wird leicht zugeben: Es ist tatsächlich so, dass im Allgemeinen die vorhin genannten Grundregeln des Zusammenlebens auch heute noch einsichtig und hilfreich sind, ja sogar mehr oder weniger instinktiv respektiert werden. Es mag noch so frei zugehen in der heutigen Zeit, aber die Ehrlichkeit in der Kommunikation, die Achtung vor dem Leben, der Respekt vor gegebenen Versprechen sind auch jetzt noch irgendwie in den Hinterköpfen und Herzen der Menschen präsent, selbst, wenn sie nicht immer eingehalten werden. Das Gespür, dass etwas nicht recht ist, wenn gegen diese Richtschnüre verstoßen wird, ist sicherlich noch irgendwie gegeben. Und doch ist es heute nicht mehr ganz so einfach, solche „natürlichen" Maßstäbe festzuhalten. Wie ist das mit dem Tötungsverbot etwa angesichts der Möglichkeiten moderner Medizin, mit der Notwendigkeit, dabei Entscheidungen zu treffen, die gelegentlich auch das Leben verkürzen können (man denke nur an extreme Situationen der Schmerztherapie)? Muss am Krankenbett immer die volle Wahrheit gesagt werden?

Und es gibt noch ein anderes Problem, das die fraglose Geltung der natürlichen Grundsätze und Regeln gegenwärtig belastet: Die christliche Naturrechtslehre wird innerhalb der weiteren geschichtlichen Entwicklung der katholischen Moraltheologie so streng und rigoristisch, dass sie die Bedeutung der Gebote und Verbote hoffnungslos übertrieben und überzogen hat. Der Blick in die Geschichte der Moraltheologie zeigt in diesem Sinne, dass sich hinter der auf die Natur gestützten Begründung von Normen sowohl Hilfreiches als auch nicht mehr Tragfähiges verbirgt. Denn die Theologie geriet in der Vergangenheit in die Gefahr, letztlich die Grenzen menschlicher Freiheits- und Verantwortungsfähigkeit gänzlich zu verdrängen. Ja, sie entfremdete sich schließlich von den modernen sachlichen, wissenschaftlichen Einsichten und der freiheitlich pluralistischen Kultur. Und so wurde auch die Vorstellung, welche Gebote für die Gestaltung der moralischen Verantwortung entscheidend seien, ganz unsachlich, ja ideologisch und falsch. Hier liegt der Grund, weswegen die kirchliche Moral noch heute vielfach den Ruf hat, den Menschen zu belasten und ein glückliches, menschlich entfaltetes Leben mehr zu verhindern als zu ermöglichen.

Dass dies aufgrund dieser Entwicklung der Moraltheologie tatsächlich richtig ist, sei hier an einem Beispiel gezeigt. Es stammt aus einem einflussreichen Lehrbuch der Moraltheologie vom Beginn des 20. Jahrhunderts und wurde bis Mitte des Jahrhunderts, also bis kurz vor dem Zweiten Vatikanischen Konzil, in den Auflagen weitergegeben. Der Kirchenrechtler und Moraltheologe Heribert Jone bemüht sich um die Frage, wann eine schwere Sünde durch den Bruch des Nüchternheitsgebotes vorliegt und unter welchen Umständen Sonderfälle angenommen werden können. Damals war es verboten, vor der Messe irgendetwas zu essen oder zu sich zu nehmen, um Christus in der Gestalt der Eucharistie die Ehre zu erweisen. Dieses Verbot wurde so streng gehandhabt, dass selbst wichtige Ausnahmen nicht gestattet waren. Bei der Diskussion der damit verbundenen Fragestellungen schreibt der Autor:

> *„Damit man aber sagen kann, jemand habe gegessen oder getrunken, sind folgende Bedingungen erfordert. α) Die Sache muß von außen aufgenommen werden … ß) Was man zu sich nimmt, muß nach allgemeiner Volksanschauung verdaut werden können … γ) Es muß ein wirklicher Akt des Essens oder Trinkens vorliegen."*
> *„Das Gebot der Nüchternheit wird [so] gebrochen, auch wenn man unabsichtlich etwas verschluckt. – Im Zweifel, ob man etwas gegessen oder getrunken hat, darf man ruhig kommunizieren. – Die heilige Kommunion ist aber unter schwerer Sünde verboten, auch wenn jemand nur das Geringste an Speise oder Trank genommen hätte, z. B. einige Tropfen Medizin."*
>
> *Heribert Jone, Katholische Moraltheologie, 416f*

Was an diesem Beispiel nachdenklich macht, ist: Es wird in einer solchen ethischen Begründung nicht darüber nachgedacht, dass die Einnahme von Medizin mitunter für die Erhaltung der körperlichen Gesundheit – gerade auch zu ganz bestimmten Zeitpunkten – entscheidend ist. Und dass die Erhaltung des Leibes ein fundamentaleres Gut ist als die Erfüllung liturgischer Pflichten.

Es ist genau dieses Verhältnis zwischen den menschlich vernünftigen Gründen und den theologischen Anliegen, das in den jüngeren Entwicklungen der alten Naturrechtslehre zu einem Problem wurde. Grund dafür war die ungeheure Sorge vor den Kräften der freiheitlichen Kultur, eine tiefe Angst gegenüber den Neuerungen der aus der mittelalterlichen Ordnungswelt ausgezogenen Gesellschaft. Die Kirche konnte so aber in ihrer Abwehrhaltung schließlich an einer Wertordnung festhalten, die rein sachlich gesehen das Leben der Menschen tief behinderte. Fragen der Kirchendisziplin (Nüchternheitsgebot, Kommunionempfang!), der Individualethik und der Sexualethik (Selbstbefriedigung, unkeusche Gedanken usw.) wurden hochgespielt. Die Probleme der gesamten zwischenmenschlichen und sozialen Beziehungsebene dagegen – zum Beispiel die oft schlimme Ausnutzung der Arbeitnehmer in den Prozessen der Industrialisierung – kamen kaum oder viel zu spät in den Blick. Das rein naturrechtliche Denken entsprach zudem dem biologisch-medizinischen, psychologischen und soziologischen Wissen moderner Gesellschaft nicht mehr.

FREIHEIT ALS VERANTWORTUNG FÜR DIE NORMEN UND VERANTWORTUNG VOR DEN NORMEN

So wird deutlich, dass die Begründung hilfreicher Normen in der heutigen Zeit nicht mehr einfach mit Berufung auf natürliche und spontane Einsichten geleistet werden kann. Es geht vielmehr darum, die alten Grundsätze und Maßstäbe in das komplizierte moderne Leben zu übersetzen. Und es geht darum, Richtung gebende Festigkeit und Offenheit für die Wandlungen der Entwicklung des Menschen miteinander zu verbinden.

Die heutige Moraltheologie hat deshalb einen personalen Ansatz der Normfindung entwickelt, der gemäß den Wurzeln des *christlichen* Naturrechts nicht rückwärtsgewandt und statisch ist, sondern dynamisch und offen. Das Interesse an den modernen Natur- und Humanwissenschaften, am vielfältigen Gespräch der heutigen demokratischen Gesellschaft verbindet sich mit der Frage nach dem letzten Ziel des menschlichen Lebens, nach Sinndeutung und religiöser Tiefe. So werden die Gebote und Verbote zu einem Teil der moralischen Orientierung, die der Mensch in seiner Geschichte vor Gott finden kann.

Damit ist gesagt: Das Herausfinden der richtigen Gebote und Verbote, Normen und Richtlinien wird zu einer gestuften Aufgabe. Es hat verschiedene Ebenen: Die Wahrnehmung der sachlichen Grundlagen in den moralischen Fragen ist der Ausgangspunkt. In der Medizin geht es so zum Beispiel um die Möglichkeiten der therapeutischen Hilfen und der technischen Eingriffe: durch Medikamente und Operationen, durch Krankengymnastik oder Gesprächsangebote. Die Einsichten in die Möglichkeiten und Wirkweisen dieser Hilfsmittel sind die Voraussetzungen dafür, einschätzen zu können, was zur Lösung eines Problems ethisch geboten ist. Aber für sich genommen sind diese Erkenntnisse noch nicht ausreichend, um unmittelbar die richtige Antwort auf eine ethische Konfliktsituation – hier, wie man einem kranken Menschen sinnvoll helfen kann – zu finden. Sie müssen weiter durch prinzipielle vernünftige ethische Überlegungen moralisch gewichtet werden: zum Beispiel durch die Abwägung zwischen Schaden und Nutzen einer Therapie, zwischen Patientenwillen und ärztlicher Fürsorge, die zu unterschiedlichen Ergebnissen kommen kann, wenn es um die moralisch gebotene Handlungsweise in einer gesundheitlichen Krise geht. Christlich gesehen aber ist die abschließende Bewertung einer solchen Problemstellung erst im Sinnhorizont des Glaubens möglich: dass der Mensch zum Beispiel seine Entscheidungen im Blick auf den rechten Gebrauch der Medizin am Lebensende aus der grundlegenden Perspektive der Glaubenserfahrung trifft. Das heißt, dass er christlich gesehen bereit sein muss, sein Leben auch mit Leid, mit Behinderungen und mit Schmerzen anzunehmen; dass er sich aber auch nicht daran klammern darf, sondern die Begrenztheit seiner Macht annehmen und das Sterben akzeptieren muss, weil er vor der größeren Macht Gottes steht.

Ohne diese konkrete Frage aus dem Feld der Medizinethik – etwa nach Behandlungsverzicht und -abbruch – hier näher besprechen zu können, lässt sich ganz allgemein festhalten: Wenn man diese sorgfältige, sachlich und spirituell bedachte Begründung von Normen heute mit der Art und Weise vergleicht, wie in der Vergangenheit Gebote aufgestellt wurden, dann zeigt sich, dass die Anstrengungen um die Erkenntnis Halt gebender Normen anspruchsvoller geworden sind. Die Autorität der Vorgaben ist weniger selbstsicher, ja, man kann sogar sagen, demütig. In vielen Fragen ist es schon eine eigene Aufgabe, die Unsicherheit der gegenwärtigen moralischen Konflikte auszuhalten und an ihrer Lösung mit Sachkenntnis und angemessen mitzuarbeiten. Die Moraltheologie wird so zu einer Erkenntnis, welche die Perspektive des Glaubens in die fachlichen Erkenntnisse und in das offene Gespräch der demokratischen Kultur einbringt. Und jeder Einzelne muss sich in der Frage nach seinen moralischen Überzeugungen aus seinem Glauben heraus um die Auseinandersetzung mit allen wissenschaftlichen und vernünftigen Einsichten, menschlichen Anliegen und Bedürfnissen bemühen, die die Konflikte des menschlichen Lebens mit bewältigen helfen.

Aber letztlich ist genau diese geduldige Auseinandersetzung der Weg, auf dem es in solcher bescheidenen und qualifizierten Suche nach den richtigen Werten und Normen für die heutige Zeit der Kirche gelingen kann, die ethische Botschaft zum Beispiel der Zehn Gebote und der Bergpredigt in die heutige Zeit zu übersetzen. Und so werden für den christlichen Glauben die Sätze des Konzils zum Programm:

> *„Freude und Hoffnung, Trauer und Angst der Menschen von heute, besonders der Armen und Bedrängten aller Art, sind auch Freude und Hoffnung, Trauer und Angst der Jünger Christi. Und es gibt nichts wahrhaft Menschliches, das nicht in ihren Herzen seinen Widerhall fände."*
>
> *Gaudium et spes 1*

Für die ganz persönliche Entscheidungsfindung des einzelnen Christen bedeutet dieser Weg letztlich aber eine große Hilfe. Denn auf diese Weise wird eine sachgerechte, vernünftige und vom Glauben her getragene Gestaltung des eigenen Lebensweges möglich. Und die Suche nach der aufrichtigen Orientierung braucht auch nicht mehr nur einfach so zaghaft zu sein, wie es heute oft gesagt wird. Sondern ich kann mir ganz bewusst die Frage stellen, zu welchem Leben mich Gott beruft. In meinen Entscheidungen geht es nicht nur um die quälende Abwägung aller möglichen Gründe und Gegengründe! Sondern ich darf das Vertrauen haben, dass ich bei aller Einsicht und Vernunft, um die es geht, in meinen konkreten Lebensentscheidungen und im Ringen um die moralischen Maßstäbe von Gott auf einen guten Weg gerufen bin.

Der Theologe Karl Rahner hat diesen ganz persönlichen Weg der Lebensgestaltung sehr anschaulich beschrieben. Er meint, dass der Christ schließlich eine ganz tiefe Sicherheit gewinnt, um seine Urteile im Leben – bei aller vernünftigen, nüchternen und gesprächsbereiten Konfrontation – aus einem christlichen Grundgefühl heraus zu treffen:

Der Glaubende „wird also wohl immer seine Entschlüsse aus einer global erfaßten … Grunderfahrung über sich selbst und aus dem Gefühl der Kongruenz oder Inkongruenz … zu diesem seinem Grundgefühl über sich selbst heraus treffen, er wird nicht nur und nicht in letzter Linie aus einer rationalen Analyse heraus, sondern aus dem Empfinden heraus, ob etwas ‚zu ihm paßt' oder nicht, seine Entscheidung fällen. Und dieses Empfinden wird daran sich messen, ob einen die Sache ‚freut', innerlich ‚befriedigt' (eine sehr gute Charakterisierung steckt in diesem Wort vom Frieden, den man in seinem Entschluß findet)."

Karl Rahner, Das Dynamische in der Kirche (QD 5), 144f

Damit ist gesagt: Der Gläubige, der in dieser Weise die Argumente abwägt – sein Wissen, seine vernünftigen Überlegungen, die Frage nach seiner ganz persönlichen Verantwortung vor Gott –, wird nicht einfach in einer letzten Unübersichtlichkeit stecken bleiben. Es wird sich ihm in seiner Mühe Klarheit schenken –, eine Klarheit, auf die er sich wirklich verlassen kann. Das ist mit dem inneren Frieden gemeint, von dem Rahner spricht. Es ist die Erfahrung einer inneren Gewissheit und einer Stimmigkeit, die nach diesem Verständnis gerade aus dem persönlichen Gespräch des einzelnen Menschen mit Gott geschenkt wird:

> *„Der Gedanke ist … der: die … Tröstungen und Trostlosigkeiten lassen uns dadurch den Willen Gottes erkennen, daß diejenigen Tröstungen, die von Gott kommen, auch zur Wahl und zum Vollzug dessen drängen, was Gott von uns will …“* *Ebd., 137*

Eine solche Reinheit, Nachdrücklichkeit und Entschlossenheit, die sich bei dem ehrlichen Nachdenken über die verschiedenen Seiten einer Frage im Gebet schließlich schenken, ist sicherlich nicht immer sofort verfügbar und mitunter stärker oder schwächer. Aber sie gibt nach theologischer Auffassung dem Menschen den Mut, zumindest zu versuchen, eine ganzheitliche Verantwortung positiv und konkret in seiner Lebensgeschichte zu gestalten.

Wenn man es in der Sprache der wissenschaftlichen Ethik ausdrückt, lässt es sich so zusammenfassen: Die existenzielle Authentizität, die für viele Menschen heute in ihrem ethischen Engagement entscheidend geworden ist, muss in diesem Sinn als Teil einer umfassenden personal-objektiven Orientierung verstanden werden. Menschliche Verantwortung ist ein je neu zu gehender Weg. Menschliche Ethik erscheint im Horizont der Glaubenserfahrung als Suche nach der moralischen Wahrheit vor Gott. Sie ist eine Bewegung in der *Geschichte*. Sie baut auf den großen Erfahrungen der ethischen Traditionen, die sich in den Geboten und Normen der Religionen, der Kulturen und Gesellschaften ausdrücken, auf. Sie verändert diese aber in der Begegnung mit den je neuen Erkenntnissen der Wissenschaften und den sich wandelnden Bedürfnissen des Lebens. So entwickelt sich die Ethik immer weiter.

Etwas einfacher gesagt, heißt das: Die ethischen Normen, die Gebote und Verbote sind ein Mittel, um das Leben überschaubarer zu machen. Sie entlasten uns in den konkreten Konflikten. Denn sie bieten ein Vorverständnis an, in welche Richtung ich die Bewältigung einer Situation suchen muss. Dafür ist die Weitergabe der Zehn Gebote und die Auseinandersetzung mit ihnen wichtig: Was heißt es, das eigene Leben und das Leben der anderen nicht zu gefährden, die Beziehungen anderer zu achten und nicht zu zerstören, wahrhaftig zu sein und mit Besitz sorgfältig und sozial umzugehen, Gott die Ehre zu geben und dem Leben eine religiöse Tiefe?

Dennoch genügt es auf diesem Weg nicht, einfach nur die Gültigkeit dieser Normen und Gebote zu betonen. Sie müssen immer wieder neu mit dem sich weiter entwickelnden Wissen, dem vernünftigen Nachdenken, den berechtigten Bedürfnissen und mit der Frage nach dem Ruf Gottes abgewogen werden. Die Verantwortung *angesichts* der bestehenden Normen, aber auch die Verantwortung *für* die Normen werden so zu den aufeinander bezogenen zwei Seiten einer Medaille: des einen bewussten und umfassenden moralischen Engagements des Menschen im Horizont der Erfahrung Gottes. Aus dieser ganzheitlichen Verantwortung kann sich weder die mutlose Unsicherheit und der Rückzug auf meine ganz privaten Vorstellungen noch der Rigorismus einer bloßen Gebotemoral und eines ethischen „Fundamentalismus“ herausstehlen.

Eine solche Bestimmung der Bedeutung und der Grenzen der Gebote und Normen macht Mut. Sie befreit zu einem unbefangenen Umgang mit den eigenen Erfahrungen und mit den unaufgebbaren Schätzen der Vergangenheit. Sie ermuntert zum Gespräch mit der modernen Welt und lässt das Vertrauen stark werden, sich den ethischen Herausforderungen des eigenen Lebens und der Zeit tatsächlich zu stellen. Sie lädt ein, Verantwortung zu übernehmen und für ein Leben in Menschlichkeit den Einsatz zu wagen, das heißt, konkret immer neu die Unterscheidung zwischen Gut und Böse zu versuchen.

Jeder Politiker, jeder Berufsrichter, aber auch schon jede Mutter und jeder Vater weiß, wie mühselig dieses ständige Ringen um Eindeutigkeit, Unterscheidung und Gespräch ist. Der Weg bleibt ständig offen. Dass Ungenügen daran, wie sehr rigorose Gebote das Leben behindern können, bleibt bestehen. Und doch hat es einen unaufgebbaren Sinn, in Verbot und Norm einen Weg zu gehen, der den Willen zur konsequenten Pflichterfüllung und die Hoffnung auf Gerechtigkeit nicht untergehen lässt.

SCHULDERFAHRUNG MUSS NICHT IMMER NUR BELASTEND SEIN – DER WEG ZUR REIFEN FREIHEIT UND VERANTWORTUNG

Vielleicht ist mit dem Gedanken des vorigen Kapitels eine der wichtigsten Fragen zumindest ein wenig beantwortet, wenn es darum geht, dass die Freiheit, die Gott geschenkt hat, nicht missbraucht wird. Die Sorge, dass in dem grenzenlosen Freiheitsdrang der Gegenwart keine Bindung mehr möglich ist, dass alle Grenzen, wie sie in Geboten und Forderungen moralisch ausgedrückt werden, einfach gesprengt werden – diese Sorge ist mit dem Hinweis auf den immer neuen Weg der Verantwortung vor und für die Normen in einem gewissen Sinn aufgefangen.

Aber es gibt noch einen Punkt, der bei den Überlegungen über das Geschenk der Freiheit nicht fehlen darf. Er hat mindestens genauso viel Gewicht wie der Umgang mit Gebot und Verbot, mit Norm und Gesetz. Gemeint ist die Erfahrung menschlicher Schuldfähigkeit. Dass die Menschen in so vielfältiger Weise aneinander schuldig werden, das ist für viele heute der tiefste Grund dafür, an ihrer moralischen Reife, ja an ihrer grundlegenden Fähigkeit zur Verantwortung zu zweifeln. Denn die Möglichkeit, Schuld auf sich zu laden, ist der heftigste Ausdruck der Nichtigkeit des Menschen, welcher seine Freiheit missbraucht. Mehr als alle bisher genannten

Schwierigkeiten – als die vielfältigen Abhängigkeiten des menschlichen Gewissens, die Widersprüchlichkeit der Erkenntnisse und Bedürfnisse im Blick auf die moralischen Maßstäbe usw. – ist die Frage bedrückend: Lässt sich angesichts der Abgründe menschlicher Schuld die Freude an der Freiheit und der Glaube an die menschliche Fähigkeit zur Verantwortung aufrechterhalten?

In der Schulderfahrung geht es nämlich nicht nur um den Widerspruch zwischen der Einsicht des Menschen und seinem Tun. In der Schuld ist der Mensch vielmehr in ein unentwirrbares Durcheinander von Freiheit und Ohnmacht verwickelt. Da geht es um körperliche und psychische Grenzerfahrungen, um unrealistische Wünsche und kalkulierte Selbstbezogenheit, ja auch um bewusste Zerstörung durch andere, und somit also um Hilflosigkeit und Angst zugleich.

In der Vergangenheit hat die Theologie häufig sehr stark von bloßer Willensschwäche oder sogar bewusster Willenssperre gesprochen, die an der Wurzel der Schuld stünde. Im Katechismus war die Rede davon, dass zur Sünde die klare Erkenntnis, der freie Wille und die Verfehlung in einer objektiv schweren Sache gehören. Aber man kann sich fragen, wann man eigentlich in dieser Weise tatsächlich schuldig wird – dass man sozusagen am Morgen aufsteht und sich sagt: Ich weiß, dass es böse ist, ich will es auch unbedingt tun, weil es böse ist und heute ist die Zeit reif dafür – ich tue es auch! Es wird wohl kaum eine Sünde geben, die in dieser Klarheit und Eindeutigkeit begangen wird. Oft ist es doch eher so: Man ist in der Schuld mit dem möglichen Chaos, mit einer Grenze seiner Kraft, mit dem Schwergewicht von Zwängen, mit Unwissenheit oder Unsicherheit und mit einer eigenen, freien Preisgabe seiner selbst in einem konfrontiert.

Die Schwierigkeit ist, dass gerade die Dunkelheit dieses Ineinanders eine große Verzweiflung auslöst: Die Abhängigkeit von den physischen, psychischen und sozialen Zwängen kann schließlich in die Schuld eines Menschen münden, für die er Verantwortung trägt. Deren chaotische Zweideutigkeit oszilliert zwischen schuldloser Erschöpfung und radikalem Verrat der eigenen Freiheit und der Würde anderer Menschen. Das ist das Schreckliche an dieser Erfahrung, wie sie gerade bei wirklich schwerer Schuld erlebt wird. Wer hier nur von Schwäche des Willens oder verweigerter Einsicht spricht, klingt irgendwie zynisch. Denn wo sonst als hier, um im Angesicht der erschreckenden, widersprüchlichen Erfahrung nicht zu verzweifeln, brauchen wir Hilfe – eine Hilfe, die der erlittenen und verschuldeten Unordnung entgegentritt: einen ermutigenden Halt in bedrückender Verlorenheit.

AN DER SCHULDERFAHRUNG VERZWEIFELN

Anders als in der Vergangenheit scheint heute diese Undurchdringlichkeit der Schuld den Menschen zur Verzweiflung zu bringen. Man muss sich nur einmal die großen Probleme in Politik und Gesellschaft vor Augen halten: Die Destruktivität, die sich mit der technisch gestützten Manipulation und Macht des Menschen offenbar bis ins Dämonische steigern kann, macht das Unheimliche an der Schuldfähigkeit des Menschen unmittelbar bewusst. Es ist ein Kennzeichen des heutigen Lebensgefühls, dass genau dieser mögliche Abgrund so unverstellt vor Augen steht: in den Konflikten von weltpolitischem Ausmaß wie der Umweltkatastrophe, in der atomaren Bedrohung und der Zerstörungswut des weltweiten Terrors usw. werden Macht und Ohnmacht des Menschen durch die reale Möglichkeit und tatsächliche Katastrophe des Versagens heute in ihrem letzten Ernst erlebt. Und die Frage angesichts solcher Dimensionen heute möglicher Verheerung ist gerade die, ob die Abgründe der menschlichen Schuld kraft menschlicher Freiheit überhaupt noch überwunden werden können.

Ist es tatsächlich möglich, menschliche Schuld zu verstehen, um sie zu verhindern?

Es gibt nicht wenige, die diese Möglichkeit verneinen. Dann erscheint menschliche Schuld grundsätzlich als unvermeidbar, als tragisch bedingtes Schicksal. So wird zum Beispiel in *psychologischen Ansätzen* ein notwendiger Zusammenhang zwischen Leid und Schuld, zwischen dramatischer Not eines Menschen und seinem daraus konsequent folgenden Schuldigwerden beschrieben. Danach werden wir schuldig als Reaktion auf innere oder äußere Verletzungen. Oft ist es ja tatsächlich so: Weil es uns selbst sehr schlecht geht, haben wir auch nicht die Kraft, fair und aufrichtig zu sein. Schmerzen und Leid verkrümmen uns und wir haben nicht mehr die Energie, ausgeglichen mit den Kindern, dem Partner oder Kollegen umzugehen. Wir werden ungerecht, bissig oder sogar verbittert. Dann bleibt nur noch Zorn, Unausgeglichenheit und Angst, zu kurz zu kommen. Alles Tun wird zum misstrauischen Pochen auf die eigenen Bedürfnisse, Interessen und Vorstellungen – manchmal zum Hass auf jeden anderen. Das ist ein individueller psychischer Konflikt. Er erscheint als Ausgangspunkt unserer ganzen umfassenden Haltlosigkeit und Auslieferung an die eigene Aggressivität. Der unerbittliche Zwang der Schuld – einem neurotischen Geschehen ähnlich – kommt zum Ausdruck. Ein mächtiger Zirkel von Angst und Unfreiheit fixiert nach diesem Verständnis auf die Hilflosigkeit ohnmächtiger Sünde, Destruktivität und Gewalt. Hier ist die Quelle der Selbstzerstörung, die das Lebensschicksal der Menschen individuell und politisch gesehen prägen kann. Hier haben nach diesem Verständnis menschliche Brutalität, Aggression, Ohnmacht, Unterdrückung und Feindschaft ihre Wurzeln. Sie sind geboren aus dem hilflosen Scheitern des auf sich selbst gestellten Menschen.

Darüber hinaus kommt für andere die unvermeidbare Abgründigkeit der Schuld nicht nur in der *persönlichen Erfah-*

rung des Einzelnen zum Ausdruck. Sondern sie wird darüber hinaus noch einmal intensiver und verwirrender in den Zusammenhängen der Gesellschaft erfahrbar. Hier erscheint die Dunkelheit der Schuld als unheimliche *Solidarität* ohnmächtiger Zerstörungsmacht. Es gibt danach eine Verflechtung von freier Entscheidung auf der einen Seite und von ohnmächtigem Ausgeliefertsein auf der anderen, in die der Mensch bei seiner Gestaltung der *sozialen und politischen Wirklichkeit* gerät und die gigantische Ausmaße annehmen kann. Gedacht ist hier an die großen und gewaltigen Vorgänge von Ausbeutung, Unterdrückung, Korruption und Verführung. Dort, wo der Einfluss ruinöser und brutaler Kräfte so stark wird, dass ein ganzes Milieu, das Denken in der Gesellschaft und die Einstellung der Menschen durch diesen Einfluss verändert und gelenkt werden, gewinnt menschliche Schuld einen *strukturellen*, die weitere Entwicklung prägenden Einfluss. So wird sie zur sozialen Schuldgeschichte: eine zwischenmenschliche dämonische Zersetzung, deren dunkle Bedrohung durch Anpassung, Zwang und unbewusste Manipulation immer weitergegeben wird.

Diese zerstörerische Macht kann dabei so radikale Konsequenzen haben, dass sich die Hilflosigkeit des Menschen vor seiner eigenen Schuld in eine anonyme Abhängigkeit verwandelt. Man denke etwa nur an die Folgen der Vernichtung der Umwelt durch die menschlichen Verhaltensweisen: den Klimawandel, den die Abgase menschlicher Technik verursachen, die Verseuchung der Weltmeere, die Versteppung fruchtbaren Bodens und das Sterben des Waldes. Oder man führe sich die Angst vor Augen, welche die Erfindung der Atombombe, die Entstehung der Terrorbewegung usw. ausgelöst haben – ein Schlag gegen jede tiefe Sehnsucht nach Frieden und Geborgenheit. Schuld daran scheint keiner oder doch auch jeder zu sein, vor allem, wenn man an die Ökologie denkt. Und daran zeigt sich diese Ablösung der Schuld von uns als einzelnen Menschen. Sie heftet sich an umfassende Bedingungen unseres Lebens: an die Fernwirkung des menschlichen Tuns, an die politische Vernetzung, die technische Vermittlung und Multiplikation, die mediengesteuerte Öffentlichkeitswirkung. Ja, die Steigerung der Manipulation durch das gesellschaftliche Gefüge kann schließlich immer schon unsere eigene freie Entfaltung behindern, weil wir dem sozialen System ausgeliefert sind. Mit jedem Kauf von billiger Kleidung unterstützen wir – ohne dass wir das tatsächlich durchschauen würden – möglicherweise die Kinderarbeit, mit der sie angefertigt wurde. Mit jeder Tankfüllung tragen wir zur Vernichtung der Ressourcen der Energie bei.

Es ist so die Erfahrung einer Ohnmacht vor unserer Schuld in zweiter Dimension: eine Ohnmacht, die die Hilflosigkeit vor der unerbittlichen Gewalt der anonymen und übermenschlichen Systeme der technischen Kultur und modernen Gesellschaft ist. In ihnen erfährt die menschliche Schuld eine verworrene und erschreckende Vervielfältigung. Die Befreiungstheologie hat für diesen Sachverhalt den Begriff der „strukturellen Sünde" geprägt. Und auch das Wort von der „sozialen Sünde", das vom Lehramt für die Bezeichnung des Gemeinten vorgeschlagen wird, ist Ausdruck der bedrückenden Geheimnishaftigkeit der Schuld zwischen dem Innen der persönlichen Freiheitsentscheidung jedes Menschen und der abgründigen gesellschaftlichen Verfestigung ihrer subversiven Dynamik (vgl. Kongregation für die Glaubenslehre, Instruktion über einige Aspekte der „Theologie der Befreiung", Stein am Rhein 1984).

In einer ähnlichen Weise spricht die *feministische Theologie* von der Erfahrung des „weltbeherrschenden Patriarchats". Dieses hat sich danach den „Allmachtstraum" erfüllt: Die Menschen können heute die Erde in kurzer Zeit vernichten oder in langsamen Schritten nachhaltig zerstören. Die Vorherrschaft des Mannes sowohl in der Vergangenheit als auch in den gegenwärtigen gesellschaftlichen Verhältnissen übt darin ihre offenen oder versteckten Wirkungen aus, denen sich niemand entziehen kann und die zu immer neuem Unrecht führen. Noch heute müssen vor allem die Frauen die Doppelbelastung zwischen Beruf und Familie tragen. Ihnen wird die Sorge für die „niederen Arbeiten" des Kampfes gegen Schmutz und fehlende Hygiene aufgeladen, obwohl diese doch Voraussetzung für ein gesundes und glückliches Leben sind. Deshalb besteht Schuld vor allem in „Kollaboration, Apathie und Entfremdung": Das heißt, es fehlt der Mut zum *Auszug aus der bequemen Akzeptanz und Verinnerlichung dieser Verhältnisse; zur Auflehnung gegen die hilflose Ohnmacht gegenüber den Mächtigen und der Übermacht gesellschaftlicher Zwänge.*

Man könnte auf die Idee kommen, dass genau diese Ausweglosigkeit der Schuld im Übrigen auch mit dem traditionellen Begriff der *Erbsünde* zum Ausdruck gebracht wird. Die Erbsünde erscheint dann wie die Solidarität in der Sünde. Erbsünde ist danach eine tiefe Verbundenheit der Menschen in der Sünde als das Ergebnis der gesamten Geschichte. Diese Vernetzung ist durch die freien Sünden aller Menschen geschaffen worden, zwar nicht einfach die Auswirkung der eigenen persönlichen Fehler und auch nicht eine persönliche Haltung, aber doch ein Zustand, der alle betrifft und der fest geworden und allen vorgegeben ist.

> *„Durch einen einzigen Menschen kam die Sünde in die Welt und durch die Sünde der Tod, und auf diese Weise gelangte der Tod zu allen Menschen, weil alle sündigten."*
> *Röm 5,12*

Ja, auch den theologischen Begriff des *Teufels* könnte man hier anführen: Er redet von der Herrschaft des Bösen über den Menschen, die in ihrer anonymen Verwüstung schließlich auf den einzelnen Menschen wie eine zersetzende Macht zukommt. Die bösen Taten sind zwar von den Entscheidungen des Menschen, seinem Egoismus und seiner Gewalttätigkeit niemals unabhängig. Aber zeigt sich nicht in den Erfahrungen der grausamen Weltkriege, der KZs und brutalen Folterungen unschuldiger Menschen eine Boshaftigkeit, die von einer tieferen Ursache herkommt als nur vom Menschen?

Freilich: Gerade an diesem theologischen Begriff wird deutlich, dass es im Geheimnis der Schuld nicht um eine bloße Abhängigkeit des Menschen geht, um Tragik, Schicksal und Unfreiheit. Sondern das Ineinander zwischen menschlicher Freiheit und seiner gleichzeitigen Auslieferung an die Zwänge und das Böse müssen sehr sorgfältig betrachtet werden, um das Geheimnis der Schuld recht zu verstehen.

Die Theologie besteht darauf, das letzte Geheimnis des Bösen irgendwie in personale Beschreibungen zu fassen. Sie spricht vom Teufel und nicht einfach vom Bösen an sich. Sie will damit sagen: Es geht natürlich gerade nicht um die Selbstentlastung des Menschen von seiner eigenen Verantwortung, also dass man sagt, nicht der Mensch ist schuld, sondern der Teufel. Und doch scheint der letzte Abgrund des Bösen nur in Begriffen der bewussten Perversion all der personalen Erfahrungen angedeutet zu sein, in denen der Mensch die Erfahrung der positiven Freiheit zum Aufbau einer reifen Personalität und personalen Glücks ausdrückt. Die Sprache gerät hier an eine Grenze. Es gibt offenbar eine personale und zugleich alles Persönliche abbauende Macht über die Freiheitsgeschichte des Menschen. Er begegnet ihr in der wehrlosen Abgründigkeit seiner psychischen, sozialen, ökonomischen und politischen Knechtschaft und in den selbstverschuldeten Unordnungen seiner eigenen Entscheidungen zugleich. Und gerade im Zusammenhang mit den zerstörerischen Potenzialen der modernen hochdifferenzierten Zivilisation wird das bewusst. Diese „negative Freiheit“ und Entschiedenheit zur Zerstörung, die in der menschlichen Freiheitsgeschichte erfahrbar werden kann, ist eigentlich keine positive Geschichte mehr. Hier hört alle Vergleichsmöglichkeit auf. Es gibt auch keinen echten Dialog mehr. Mit dem Teufel kann man nicht sprechen! Denn Dialog ist das Geheimnis des personalen Austausches und der Begegnung der Liebe! Und dennoch ist *der* Böse, der Teufel, gerade in seiner Anonymität nicht einfach nur die negative Seite der Evolution, also nur die Spitze des Übels von Katastrophen, von Leid und Unglück oder auch gesellschaftlicher Zwänge. Vor dieser letzten Radikalität des Bösen scheint jede Aufklärungsmentalität haltmachen zu müssen.

Wenn man auch hier noch einmal die Gedanken zusammenfasst, dann lässt sich festhalten: Die Theologie ist der Überzeugung – das wird eigenartigerweise gerade an dem schwierigen Begriff des personalen Bösen, des Teufels deutlich –, dass die Freiheit auch in der Schuld nicht untergeht. In der Redeweise vom Bösen, das ein personal absolut zerstörendes „Gesicht" trägt, wird bewusst, dass sich in der Schuld Freiheit und Unfreiheit bis zur Unkenntlichkeit vermischen. Der christliche Glaube weiß in diesem Sinne von unserer Hilflosigkeit als Menschen in der Schuld. Das wird heute sehr viel deutlicher als in der Vergangenheit. Aber er ist der festen Überzeugung, dass das Geschenk der Freiheit auch an dieser Grenze nicht einfach verloren geht. Sondern dass es möglich bleibt, in einer verantwortungsvollen Weise mit ihrer Dunkelheit und ihrem Geheimnis umzugehen. Und damit sind wir bei einem Teil der Theologie angelangt, die gerade von der Überwindung der Verlorenheit des Menschen in Schuld und Versagen zu sprechen versucht, bei der Theologie der Erlösung.

Der Glaube des Christen möchte auch hier Mut machen: Das ganz konkrete Tun und Lassen des Menschen hat eine Chance, der Macht des Bösen zu entgehen! Freiheit ist in der Schuld nicht einfach am Ende. Sie geht nicht unter in den noch so undurchschaubaren Zwängen und anonymen Abhängigkeiten. Die Erfahrung von Schuld kann zum Anfang einer menschlichen Reife werden, die sich der eigenen Verantwortung radikal stellt. Nicht weil der Mensch selbst so stark ist, sondern weil Gott ihm an den Grenzen des Lebens zu Hilfe kommt.

WAS HEISST THEOLOGISCH ERLÖSUNG UND BEFREIUNG VON SCHULD?

Die Theologie hält an der Freiheit des Menschen mitten in seiner Schuld fest, nicht um den Menschen auf seine Verantwortung festzulegen. Es geht ihr nicht darum, ihn in der verzweifelten Situation seiner Schuld bloßzustellen. Sondern Ziel ist, die Hoffnung wachzuhalten, dass es aus der tiefen Krise, welche eine schwere Schulderfahrung darstellt, immer noch einen Ausweg gibt. Durch die unwiderrufliche Nähe Gottes in Jesus Christus verliert der Mensch – so wurde es schon im 1. Kapitel über die Ethik der Heiligen Schrift deutlich – seine Würde auch vor den letzten Widersprüchen seines Lebens nicht. Und im Blick auf das Böse heißt das: auch vor seiner hilflosen unfrei-freien Verstrickung in das Dunkel der Schuld nicht! Über dessen bedrückenden Widersprüche hinaus zeigt sich ein größerer Horizont, der ihn noch einmal in eine tiefere Geborgenheit hineinnimmt: Es ist der Horizont der Zuwendung Gottes, in dem gegenüber der tiefen Verlorenheit des Menschen seine bleibende Würde erfahrbar wird – seine Würde vor Gott.

Der biblische Bericht vom Sündenfall des Menschen im 3. Kapitel des Buches Genesis schildert in diesem Sinne zwar auch zunächst die tragische Verflechtung von Freiheit und Unfreiheit in der Schuld. Er gebraucht dabei bildhafte Symbole. In diesen Bildern kommt aber zugleich die unzerstörbare Solidarität Gottes mit dem Menschen zum Ausdruck. Und so findet sich schon auf den ersten Seiten der Bibel eine erste Ansage der Erlösung. Die Treue Gottes ist der Kern einer Gegenerfahrung gegen die Bodenlosigkeit der Schuld.

Der Bericht der Bibel überwindet dabei die alte mythische Weltdeutung, die nur von dem Widerspruch menschlicher Schuld zwischen Freiheit und Unfreiheit redet. Er überwindet den *Pessimismus* der vielen Erzählungen in den anderen Religionen, weil er der widersprüchlichen Absurdität der Schuld die Zusage Gottes als Hoffnung entgegenstellt.

Die Freiheit des Menschen

Gerade deshalb berichtet das Buch Genesis vor allem von der bleibenden Freiheit des Menschen in seiner Schuld. Ganz besonders diese Redeweise ist Ausdruck eines Optimismus, die das bis dahin vorherrschende Denken von der Schuld sprengt. Auf den ersten Seiten der Heiligen Schrift findet sich in diesem Sinne die Schilderung des Sündenfalls:

> *„Die Schlange war schlauer als alle Tiere des Feldes, die Gott, der Herr, gemacht hatte. Sie sagte zu der Frau: Hat Gott wirklich gesagt: Ihr dürft von keinem Baum des Gartens essen? Da sah die Frau, dass es köstlich wäre, von dem Baum zu essen, dass der Baum eine Augenweide war und dazu verlockte, klug zu werden. Sie nahm von seinen Früchten und aß; sie gab auch ihrem Mann, der bei ihr war, und auch er aß. Da gingen beiden die Augen auf, und sie erkannten, dass sie nackt waren. Sie hefteten Feigenblätter zusammen und machten sich einen Schurz."* *Gen 3,1.6f*

Um diesen Text in der richtigen Weise zu verstehen, müssen zunächst einige größere Zusammenhänge, in denen er steht, bedacht werden: Für viele religiöse Erzählungen ist die Fehlbarkeit des Menschen durch einen mit Schuld beladenen Kampf der Entstehung der Götter (Theogonie) und der Welt (Kosmogonie) erklärt. Danach stammt der Mensch von Anfang an in seinem ganzen Sein aus diesem schuldhaften Streit.

Ja, der Sinn seines Lebens besteht gerade darin: Um das Überhandnehmen des Bösen auf der Erde zu verhindern, muss er in Feiern und Festen die Schöpfung in ihrem Weiterbestand sichern.

Für die Bibel ist die Erschaffung der Welt dagegen nicht die Folge einer schuldbeladenen Auseinandersetzung der Götter. Für den Schöpfungsbericht des Ersten Testaments vollzieht sich die Entstehung der Welt und des Menschen nicht in einem Kampf. Mit seinem souveränen Wort überwindet Gott das Chaos, ruft er den Kosmos und die Natur in ein geordnetes Leben. Er lässt den Menschen inmitten einer guten und schönen Welt ins Leben kommen. So heißt es in Gen 1,31–2,1:

> *„Gott sah alles an, was er gemacht hatte: Es war sehr gut. Es wurde Abend, und es wurde Morgen: der sechste Tag. So wurden Himmel und Erde vollendet und ihr ganzes Gefüge."*

Für die Bibel ist die Schuld so nicht auf einen Grund zurückzuführen, der im Dasein des Menschen oder in der Welt selbst zu finden ist. Sie hat ihre Wurzeln erst in der *Geschichte* des Menschen. Gottes Schöpfung ist gut. Nicht eine Schuld Gottes, nicht einmal die Mangelhaftigkeit der Schöpfung kann der Mensch als Grund für seine Schuld angeben. Aus freier Entscheidung und in voller Verantwortung für sein Tun wird er für die Bibel schuldig. *Er* zerbricht die Harmonie seines Lebens und seiner Geborgenheit.

Die Unfreiheit

Und doch empfindet und beschreibt auch das Erste Testament die Widersprüchlichkeit der menschlichen Schuld. In echt orientalischer Sprechweise, die sich nicht an abendländische Logik hält, wird die Unbegreifbarkeit der Schuld auf ihre Weise deutlich: Zwar ist es nach diesem Verständnis die menschliche Tat, durch die das Verhältnis zwischen Gott und dem Menschen zerstört wird – ausgedrückt in dem Essen von den Früchten vom Baum des Lebens, das Gott den Menschen verboten hatte. Aber der Mensch ist nicht nur der Täter, er ist auch der Verführte. Hören wir nochmals auf den vorhin bereits zitierten Bibeltext:

> *Die Frau entgegnete der Schlange: Von den Früchten der Bäume im Garten dürfen wir essen; nur von den Früchten des Baumes, der in der Mitte des Gartens steht, hat Gott gesagt: Davon dürft ihr nicht essen, und daran dürft ihr nicht rühren, sonst werdet ihr sterben. Darauf sagte die Schlange zur Frau: Nein, ihr werdet nicht sterben. Gott weiß vielmehr: Sobald ihr davon esst, gehen euch die Augen auf; ihr werdet wie Gott und erkennt Gut und Böse. Da sah die Frau, dass es köstlich wäre, von dem Baum zu essen, dass der Baum eine Augenweide war und dazu verlockte, klug zu werden. Sie nahm von seinen Früchten und aß; sie gab auch ihrem Mann, der bei ihr war, und auch er aß.“* Gen 3,2–7

Das konkrete Bild für die Art dieser Verführung ist dabei nicht wesentlich. In der Tatsache, dass der Mann durch die Frau überredet wird und dass die Frau der List der Schlange erliegt, wird nur zum Ausdruck gebracht: Das Böse liegt dem menschlichen Tun auch voraus. Die Schlange als das Symbol des Verführers erklärt dabei eigentlich nichts. Sie ist einfach da. Und damit ist gesagt: Die Tat des Menschen war, obwohl sie frei war, zugleich auf unerklärliche Weise wie von außen geleitet. Im Nachhinein reflektiert der Sündenfallsbericht diese Hilflosigkeit. Sowohl Adam als auch Eva verweisen darauf, als Gott sie zur Rechenschaft zieht, dass sie einfach zu ihrer Tat überredet worden sind. Und sie haben damit recht:

„Als sie Gott, den Herrn, im Garten gegen den Tagwind einherschreiten hörten, versteckten sich Adam und seine Frau vor Gott, dem Herrn, unter den Bäumen des Gartens. Gott, der Herr, rief Adam zu und sprach: Wo bist du? Er antwortete: Ich habe dich im Garten kommen hören; da geriet ich in Furcht, weil ich nackt bin, und versteckte mich. Darauf fragte er: Wer hat dir gesagt, dass du nackt bist? Hast du von dem Baum gegessen, von dem zu essen ich dir verboten habe? Adam antwortete: Die Frau, die du mir beigesellt hast, sie hat mir von dem Baum gegeben, und so habe ich gegessen. Gott, der Herr, sprach zu der Frau: Was hast du da getan? Die Frau antwortete: Die Schlange hat mich verführt, und so habe ich gegessen." *Gen 3,8–13*

So erscheint das Tun des Menschen im biblischen Denken auch wie eine zweitrangige Wurzel des Bösen. Die erste Wurzel des Bösen liegt noch einmal tiefer. Sie ist nicht weiter ableitbar. Sie steht in die Geschichte des Menschen hinein, wie etwas Äußeres, für das aber weder die gute Schöpfung noch Gott selbst verantwortlich sind. Der Genesisbericht gibt auf diese seine Weise die tiefe Zwiespältigkeit menschlicher Schulderfahrung erschütternd wieder: Der Mensch ist in seiner Schuld Täter und Opfer zugleich, er ist Zerstörender und Zerstörter, Täuschender und Enttäuschter.

Die Verweigerung gegenüber Gott

Wenn man von hier aus noch einmal auf die Freiheit des Menschen schaut, dann lässt sich die Bedeutung seiner Sünde jetzt tiefer erfassen: Trotz der verwirrenden Ohnmacht der Schuld des Menschen versteht die Bibel die Schulderfahrung eben doch nie einfach als Schicksal. Für das Alte Testament ist entscheidend, dass die menschliche Schuld grundsätzlich als Gehorsamsverweigerung Gott gegenüber begriffen werden muss. Gott selbst spricht diese Verweigerung gegenüber Adam an:

„Zu Adam sprach er: Weil du auf deine Frau gehört und von dem Baum gegessen hast, von dem zu essen ich dir verboten hatte: So ist verflucht der Ackerboden deinetwegen. Unter Mühsal wirst du von ihm essen alle Tage deines Lebens. Dornen und Disteln lässt er dir wachsen und die Pflanzen des Feldes musst du essen. Im Schweiße deines Angesichts sollst du dein Brot essen, bis du zurückkehrst zum Ackerboden; von ihm bist du ja genommen. Denn Staub bist du, zum Staub musst du zurück."

Gen 3,17–19

Noch einmal: Mit dieser Schilderung will die Bibel niemanden bloßstellen! Darin wird vielmehr noch einmal – selbst in der Verkehrung menschlicher Freiheit, in ihrer harten Verurteilung durch Gott – der tiefe Optimismus des biblischen Verständnisses gegenüber dem alten Weltbild deutlich, wie es in vielen Mythen der Religionen vorkommt und berichtet wird. Nicht in einem kalten Geschick, sondern in der Orientierungslosigkeit und Übersteigerung des Menschen gegenüber Gott sieht der ersttestamentliche Berichterstatter das Wesen der menschlichen Schuld. Aus einem Schicksal gäbe es kein Entrinnen. Die Beziehung zwischen Gott und Mensch als das Verhältnis der freien Begegnung in personaler Zugewandtheit aber kann von den beiden Partnern *gestaltet* werden. Das ist die befreiende Botschaft der biblischen Interpretation. Sie will den Menschen nicht zynisch in seiner Freiheit blamieren. Aber es drückt sich darin die Einschätzung aus, dass wir als Menschen mit unserer Freiheit in der Schuld eben Verantwortung übernehmen können. Und es ist vor allem nach ihrem Verständnis Gott selbst, der dazu den ersten Schritt tut.

Das bedrückende Netz der Schuld und die Treue Gottes

Dem Menschen erschließt sich nach dem Verständnis des Ersten Testaments in der radikalen Dunkelheit seiner Schuld schon immer eine Gegenwelt zum Abgrund der Hilflosigkeit: die Treue Gottes, die durch die verwirrende Dunkelheit menschlicher Schuld hindurch besteht.

Wenn man das Buch Genesis über das dritte Kapitel hinaus weiterliest, so erscheint die ganze weitere Erzählung als Schilderung der ungeheuren Folgen, die der Sündenfall heraufbeschworen hat. Die Bodenlosigkeit menschlicher Schuld wird dadurch immer radikaler. Die Sünde greift wie eine unheimliche Macht um sich. Sie führt vom Brudermord, den Kain an Abel verübt, bis hin zur Sprachenverwirrung beim Turmbau zu Babel (Gen 4–11,9). Die Geschichte von der Sintflut markiert den Versuch eines Neuanfangs, der aber die Zwangsläufigkeit der Entwicklung nicht aufhalten zu können scheint. Das ist das bedrückende Netz der Schuld, das sich wie ein graues Band um die ganze Menschheit legt.

Und wenn man es scharf ausdrückt, dann scheint die Erzählung von der Sintflut der Erfahrung der radikalen Macht der Schuld über den Menschen die Schilderung der „Enttäuschung Gottes“ hinzuzufügen. Doch wer genauer hinschaut, dem wird deutlich: Dieser Text der Bibel gibt letztlich den Hinweis darauf, wie Gott auf die Schuld des Menschen reagiert. Gott wird in eine immer weitergehende Solidarität mit dem sich immer tiefer in Schuld verstrickenden Menschen hineingezogen. Immer wieder drückt sich diese biblische Gegenerfahrung zur Schuld des Menschen im Handeln Gottes aus: Gott verflucht als Erstes die Schlange, nicht Adam und Eva (Gen 3,14f). Er ist ganz besorgt um sie und macht ihnen Kleider (Gen 3,21). Auch um Kain, den Mörder, kümmert er sich: Er zeichnet ihn mit einem Schutzmal (Gen 4,15). Er verspricht schließlich, den Menschen nie zu vernichten (Gen 9,11).

Die Genesiserzählung greift damit auf ein theologisch gedeutetes Ende der Geschichte menschlicher Schuld vor: auf die endgeschichtliche Treue Gottes, die mit radikaler Entschiedenheit der zerstörerischen Kraft menschlicher Schuldgeschichte begegnet. Noch einmal wird mit einer solchen Vorstellung ein mythisches Symbol aufgenommen und zugleich durchbrochen. Die große Einheit von Anfang und Ende der Geschichte wird zu einem Sinnhorizont für die Bewältigung der unheimlichen und zerstörerischen Sinnlosigkeit der Schuld. Die Hoffnung auf das Heil spricht von der Leben schenkenden und erlösenden Liebe Gottes.

Lassen sich diese Bilder der Bibel in die heutige Zeit übersetzen? In eine Zeit, in der das Ausmaß der Verstrickung des Menschen in die Schuld ins Gigantische, Globale, weil in die ganze Welt umfassende Risiken gewachsen ist? Sowohl die protestantische Theologie als auch die katholische Theologie der Gegenwart haben angesichts dieser Konflikte das biblische Verständnis vom solidarischen Gott in das Gottesbild vom *gekreuzigten, verwundbaren Gott* gefasst. Sie möchten darin das Innerste des christlichen Gottesverständnisses zum Ausdruck bringen. Es gibt gerade eine Antwort auf die verwirrende Erfahrung des modernen Lebens: auf den Widerspruch im Menschen zwischen Freiheit und Ohnmacht, wie er gerade in den komplizierten Spannungen der heutigen Welt mit ihren Manipulationsmöglichkeiten und Gefährdungen deutlich wird.

Auch der christliche Glaube an die Erlösung kann in diesem Sinne das Dunkel menschlicher Schuld nicht einfach erklären. Er stellt kein „Rezept" zu ihrer Bewältigung dar. Aber er ist eine Einladung zu glaubendem Vertrauen und zu durch dieses Vertrauen geprägtem Tun. In der Begegnung mit Gott wird gerade das Ineinander von Freiheit und Unfreiheit im Menschen zum Ziel *der heilsgeschichtlichen Zuwendung Gottes.* Und dadurch vermag der Mensch seine Würde auch in der Verstrickung in das Dunkel der Schuld zu bewahren.

Gerade das Kreuz wird dabei zum Zeichen einer Verlässlichkeit Gottes, die alle Verzweiflung, ja auch und gerade die

Verzweiflung ohnmächtiger Schuldverfallenheit überwindet. Das heißt, der Blick wendet sich der Leidensgeschichte Jesu zu und versucht darin den Ausdruck der Liebe Gottes zu entziffern.

Von außen gesehen bietet sich der Anblick eines religiösen Märtyrerschicksals: Jesus bezahlt seine ungenierte Annahme und Gemeinschaft mit den Sündern, die er in seinem Leben pflegte (vgl. Mt 9,10–13), seine unbedingte Botschaft vom Reich Gottes mit dem Leben. Der Glaube erkennt darin aber ein Zeugnis über das Verhalten Gottes selbst. Im Tod Jesu wird danach die Haltung Gottes selbst gegenüber der Sünde des Menschen erfahrbar: eine unaufgekündigte, aus freier Liebe geschenkte Anteilnahme Gottes am Schicksal des Menschen im Leiden und Sterben Jesu. Damit will gesagt sein: Die christliche Antwort auf die Dunkelheit der menschlichen Schuld zwischen Freiheit und Unfreiheit, die es so schwer macht, mit dieser Erfahrung zurechtzukommen, ist der Verweis auf eine Erfahrung Gottes, der sich gerade in seinem Innersten von diesem Widerspruch anrühren und verletzen lässt. Ja in der Treue zum Menschen, der dieser Zerrissenheit unterworfen ist, drückt Gott sein eigenstes Geheimnis aus, im Widerstand gegen die Hoffnungslosigkeit solcher Verlorenheit: Er lässt sich im Schicksal Jesu durch die Sünde des Menschen „verwunden". Darin lässt er gerade am tiefsten erfahren, wer er und wie er ist. Und zugleich ist mit dieser Erfahrung eine unzerstörbare Gegenwirklichkeit gegen das dämonische Verwirrstück der frei-unfreien Hilflosigkeit aufgerichtet. Der Mensch verliert sich in der hilflosen Destruktivität seiner Hassgeschichte endgültig, indem er die ihm in der Reich-Gottes-Predigt Jesu angebotene göttliche Liebe zu zerstören versucht. Darin verrät er seine eigene personale Würde eigentlich in letzter Abgründigkeit. Aber in der Verwundbarkeit Gottes erfährt er die Unzerstörbarkeit der Freiheit Gottes, die ihr Ja zum Menschen gegen allen Widerspruch und alle Vernichtung durchträgt – in aller

Ohnmacht und in dem Ausgeliefertsein an das Leid, das von der Gewaltgeschichte des Menschen ausgeht.

Von dieser Erfahrung Gottes her schenkt sich für den gläubigen Menschen die Gewissheit, dass das menschliche Leid und menschliche Schuld in das Innerste Gottes aufgenommen sind, um dort verwandelt zu werden: *Gott selbst übernimmt die Verantwortung für den Menschen, seine Geschichte und seine Welt* – nicht, indem er die Konflikte dieser Geschichte einfach auflöst, sondern indem er sie leidend aufnimmt und in sich einbirgt.

Noch einmal – im Kapitel über die Ethik der Bibel wurde es schon so gesagt –, mit dem Vergleich, der manches vereinfacht, lässt sich die Erfahrung dieser Treue Gottes wohl in diesem Sinne verstehen: Wenn jemand trotz unserer Unausgeglichenheit und Aggressivität, trotz unserer Neigung zu Zorn und Unentschiedenheit, trotz der Schmerzen, die wir ihm zufügen oder die er überhaupt ertragen muss, zu uns steht und bei uns bleibt, dann schenkt uns seine Liebe eine innerste Hoffnung, dass auch wir selbst das Leben in seinen Widersprüchen aushalten können und einen Weg zu Geborgenheit und liebender Offenheit finden werden. Allein durch seine treue Nähe in all unserem Drunter und Drüber und unserer Verlorenheit verändert er uns und unsere Situation ganz unmittelbar und tief.

FREIHEIT, DIE SICH DER SCHULD STELLT – SCHRITTE DER AUFARBEITUNG UND ÜBERNAHME VON VERANTWORTUNG HEUTE

Nun könnte man fragen: Wie soll man sich diesen Weg der Hoffnung bloß vorstellen? Wie kann ich Schuld tatsächlich ganz konkret aufarbeiten und so das Geschenk der Freiheit in der Auseinandersetzung mit der Schuld bewahren?

Die pastoralen Überlegungen, die die moderne Theologie im Anschluss an ihre grundsätzlichen Deutungen der christlichen Erlösungserfahrung anstellt, wollen zeigen, dass der christliche Glaube eine wichtige Hilfe ist, die Schritte in der Bewältigung von Schuld zu gehen.

Verdrängen hat keinen Sinn

Die Gefahr bei der Schulderfahrung ist es, dass das schwierige Durcheinander der unterschiedlichen Empfindungen, die in der Schuld zusammenkommen, nicht geklärt wird, sondern sich verfestigt. Wie schnell bleibt das Gefühl reiner Verachtung übrig, das den, der schuldig geworden ist, nichts mehr positiv erleben lässt. Denn das Schuldgefühl, das nicht geklärt wird, entwertet alles, was man erlebt: „Weil du das getan hast, weil dir das passiert ist, hast du eigentlich kein Recht mehr zu leben: Du bist nichts, du kannst nichts und niemand kann dir helfen!"

Das Schlimme an einer solchen Erfahrung der Schuld ist, dass wir eigentlich nicht anders können, als vor dieser totalen Entwertung zu fliehen. Wir müssen verdrängen! Denn das Dunkel und Unverständliche an der Schuld macht abgrundtiefe Angst. So bleibt nur das Wegschauen: Wir versuchen das Grübeln über die Vergangenheit beiseitezuschieben; wir reden uns ein, dass wir es nicht nötig haben, über Schuld nachzudenken und uns der Verunsicherung, die damit verbunden ist, auszusetzen. Am besten ist es, an diese Erfahrung nicht mehr zu denken, und jede Regung, die davon spricht, schon im Keim zu ersticken.

Leider ist die Folge eines solchen Verhaltens, dass wir gar keine Kritik an der eigenen Person mehr ertragen. Jede Infragestellung unseres Lebensstils oder Verhaltens erinnert uns zu sehr an die im Hintergrund lauernde, unaufgearbeitete Erfahrung vergangener Schuld. So wird das ganze Leben zu einer einzigen Verteidigung des Selbstwertgefühls gegenüber den ungeklärten Ansprüchen der verdrängten Schuld. Das Leben wird dadurch anstrengend und nicht selten führt gerade diese Anstrengung, die von der Angst diktiert ist, dazu, dass die Kräfte der Persönlichkeit bald wieder zusammenbrechen und sich eine neue Erfahrung der Hilflosigkeit einstellt, die als schuldhaft erlebt wird.

Über Schuld muss man sprechen dürfen

Eigentlich gibt es für diese Krise nur eine Hilfe: das hilfreiche Gespräch, das die Verdrängung überwindet. Damit ist nicht nur irgendwie ein Sprechen gemeint. Sondern es geht darum, dass sich das Schuldgefühl in seiner Undurchschaubarkeit ein wenig klären kann. Ein guter Seelsorger oder Gesprächspartner kann dabei unterstützen. Er wird mich nie einfach nur an meine Verantwortung erinnern. Sondern er wird es mir ermöglichen, alles wahrzunehmen und „vor mich hinzustellen“: die eigene Traurigkeit über die Begrenztheit, die in der Schuld erlebt wird; die Enttäuschung über die oft rein im Äußeren verbleibende Verurteilung durch die anderen, die alles Vertrauen zerstört; auch einfach die körperlichen Probleme oder die psychischen Leistungsgrenzen, die meist von der Umwelt gar nicht bemerkt werden und die ich häufig selber einfach nicht wahrnehmen will, geschweige denn wirklich annehme und in einer guten Balance in das Leben integriere; der Zwiespalt zwischen den realen Möglichkeiten meiner Kräfte und meinen Idealvorstellungen, der durch meine eigenen Wünsche und fremde Ansprüche immer wieder entsteht.

Man kann nur staunen, wie gut das Gespräch tut, in dem wahrgenommen, ausgedrückt und voneinander unterschieden werden kann, wie sehr sich auf einmal das Schuldgefühl dadurch wandelt. Das Netz der Grenzerfahrungen – eigene Verursachung, fremder Einfluss oder wirklich auch einfach nur Schicksal und Leid (Krankheit!) – beginnt auf einmal überschaubarer zu werden, wenn es sich auch nie ganz entwirrt. Ja, es ist diese relative Klärung, die die panische Angst gegenüber der Schuld zumindest ein wenig vermindert. Und so kann die Sehnsucht wachsen, die Grenzen, die bei mir selbst und in der Umwelt nicht verändert werden können, zu akzeptieren, andere Grenzen aber in wirklicher persönlicher Verantwortung zu verändern. Hier beginnt das Schuldgefühl fruchtbar zu werden. Es wird zum Antrieb für eine neue Selbstannahme und für Reife sowie Veränderung.

Das Geschenk der Bewältigung von Schuld und seine Schritte

Vielleicht ist es richtig, diese Verwandlung der Schulderfahrung im Gespräch als schrittweise Verarbeitung zu beschreiben. Es gibt sicherlich im konkreten Leben nie das fein säuberliche Nacheinander der Erfahrungen. Oft sind sie in ein und demselben Augenblick gegenwärtig und schieben sich ineinander. Aber gerade weil die menschliche Schuld eine Grenzerfahrung ist, bei der die Verantwortungsfähigkeit und Hilflosigkeit eines Menschen miteinander verbunden sind, wie es dieses Kapitel ja immer wieder angesprochen hat, rücken diese beiden Seiten bei der Aufarbeitung auch jeweils verschieden in den Vordergrund. Offensichtlich sind wir nur dazu in der Lage, die komplizierten Ebenen, die in der Schulderfahrung ineinanderfließen, *nacheinander* zu betrachten und zu verstehen.

Kann man es so schildern: dass die Enttäuschung über den eigenen Fehler, weil er immer auch eine Selbsttäuschung ist, zunächst einen tiefen Schmerz zum Ausdruck bringt? Und so ist die Bearbeitung von Schuld zunächst häufig nichts als *Anklage*, die sich geradezu impulsiv und doch hilflos überallhin und gegen alles richtet. Da liegt der Hass gegen sich selbst ganz nahe zusammen mit der Anklage der anderen. Vor allem wenn es um eine schwere Schuld geht. Da wendet sich der

Zorn über die Grenzen, die man erleidet und die man selbst verursacht hat, gegen das eigene Selbst, gegen Menschen, die begegnen, gegen Institutionen und das Lebensschicksal.

Diese heftige An-klage kann sich aber, wenn sie nicht zur bloßen Schuldzuweisung an andere gerät, in die stillere *Klage* verwandeln. Wenn mir das Gespräch den Raum bietet, die Verwundungen, die in der Anklage mitschwingen, mitzuteilen, wenn tatsächlich zum Ausdruck kommen darf, dass meine Schuld immer wieder auch nicht wenig durch Überforderung, durch die Wirklichkeit, durch Mitmenschen und durch eigene unrealistische Wünsche mit beeinflusst wird, dann kann sich das verletzte Schamgefühl beruhigen. Der gedemütigte Stolz in mir kann zur Gelassenheit zurückfinden. Und so können auch die Angst und die Aggressivität ihre reine Abwehr überwinden. Denn wer klagen kann, der wendet sich nicht mehr *gegen* jemanden oder *gegen* etwas. Er richtet seinen Blick nun auf die Sache selbst, und das heißt, auf die Schuld als Grenze: Klage ist Trauer über erlittene Begrenzungen der körperlichen und seelischen Kraft, über Verweigerungen von anderen, ja auch über Verführung. Und doch spricht sie ebenso von der selbstverschuldeten Verbissenheit und Verblendung.

Nur demjenigen, dem es gelingt, über die Grenzerfahrung der Schuld zu klagen, ist es am Ende auch möglich, das vorgefallene Versagen realistisch zu erfassen. Realistisch erfassen soll dabei sagen: Es lassen sich nun die widersprüchlichen Grenzen, die im spontanen und impulsiven Schuldgefühl noch völlig ungeklärt beieinander- und ineinanderliegen, deutlicher *differenzieren*. Es wird verständlich, wo meine Abhängigkeit von Mitmenschen an der Wurzel einer Verfehlung steht, wo die völlig unrealistische Überschätzung meiner eigenen physischen oder psychischen Kraft zum folgenreichen Zusammenbruch geführt hat oder wo Zögern und fehlender Mut zerstörerische Konsequenzen nach sich ziehen. All das kann nun besser reflektiert, zurückverfolgt und verarbeitet werden. Ja, dadurch wird deutlich, dass ich auf diese unterschiedlichen Erfahrungen, die im menschlichen Versagen oft eben tief ineinander verschlungen sind, *eine ganz verschiedene Antwort finden muss, um mit ihnen sachgerecht fertigwerden zu können:* Bei *Überforderung* muss ich zum Beispiel nach *Entlastung* suchen, beim *Bedrängtsein* durch andere muss ich lernen, mich gut *abzugrenzen*, bei den *unrealistischen Wünschen* bedarf es der *realistischen Bescheidung* und bei *Feigheit*, ja *Bequemlichkeit* muss ich mehr *Mut* und *Antriebskraft* finden.

Wie vielfältig hier die Antworten auf das Problem der Schuld auch sein mögen – wenn sich die Schulderfahrung in diesem Sinne ein wenig lichten kann, dann wächst auch eine neue Freiheit, die zu verwandelter Initiative und verändertem Verhalten einlädt. Wer bis zu diesem Schritt durchstößt, der kann seine Schuld als Teil des eigenen Lebens verantwortungsvoll *annehmen*. Bedingung dafür ist freilich, dass alle Anteile an dieser Wirklichkeit, also die eigenen und die fremden, die beabsichtigten und die unbeabsichtigten, die erlittenen und die selbst angestoßenen zu Tage treten konnten. Es geht eben nicht nur um reine Selbstanklage! Sondern es geht um den sehr differenzierten Blick auf die tatsächlichen Ursachen für das Versagen. Dann kann ich jenseits der Hilflosigkeit der aggressiven, anklagenden Angst und klagenden Trauer einen neuen Mut finden.

Noch einmal: Wichtig ist, dass dieser Mut gemäß den vielen unterschiedlichen Wurzeln eben nicht nur Mut zur Korrektur des eigenen schlechten Willens ist. Sondern es ist der Mut zur realistischen Auseinandersetzung eben mit all den Grenzen, die sich der menschlichen Schuld vermischen können: Annahme meiner Grenzen, doch auch meiner berechtigten und notwendigen Bedürfnisse, Veränderung von Realitätswahrnehmung und -bewertung, Wandel meiner unsinnigen Idealvorstellungen, aber auch Abgrenzung gegenüber Einflüssen, Wünschen und Forderungen anderer Menschen, die mich bedrängen und in ausweglose Situationen bringen.

In diesem Weg kann so die *Bewältigung* von Schuld Wirklichkeit werden, oft langsam und mühsam, in kaum wahrnehmbaren Veränderungen. Doch dadurch erschließt sich die Kraft zu neuer Verantwortungsfähigkeit, aus der heraus ich getanes Unrecht auch – so weit das geht – *wiedergutmache.*

Sicherlich – es gilt dabei zu beachten: Dieser Weg lässt sich nicht fixieren! Die Reihenfolge, in der Unsicherheit, Selbsthass, mangelnde Abgrenzung gegenüber anderen und vieles mehr verarbeitet werden und die verschuldete Belastung anderer wiedergutgemacht wird, folgt keinem Gesetz. Es ist im Letzten ein Geschenk. Deshalb spricht die Theologie von der Bekehrung als Gnade. Und damit ist gesagt, dass der Weg der Umkehr unverfügbar ist. Ja, es bleibt auch immer ein letzter Rest im Dunkel der Sünde, der sich nicht verstehen und schon gar nicht einfach aufheben lässt. Bei einem Verkehrsunfall mit Todesfolge oder etwa einer Abtreibung wird das zum Beispiel sehr deutlich. Das ist der Grund, weshalb ich letztlich darum beten muss, dass Gott hilft, begangenes Unrecht zu versöhnen.

Dieser theologische Hinweis, der davon spricht, dass am Ende Gott den schuldig gewordenen Menschen annehmen muss und annimmt, ist keine sentimentale Vertröstung und billige Verantwortungsentlastung. Er soll vielmehr helfen, alle Selbstverachtung, alles bodenlose Schamgefühl und Weglaufen vor der Schuld zu überwinden und die Schritte zu ihrer Verarbeitung zu tun. Er will sagen: Jede Schuld kann ein wenig überschaubar gemacht werden und in neue Verantwortungsbereitschaft münden. Keiner ist vergessen! Das ist der große Optimismus des Glaubens. Er baut auf die Erfahrung, dass Gott selbst der Gesprächspartner ist, der letztlich Schuld klären und annehmen hilft, ja, der Vergebung ermöglicht und schenkt.

Und noch einmal kommt so das Versprechen Gottes für den Menschen ins Spiel und für das große Geschenk der Freiheit, das er dem Menschen gemacht hat. Eigentlich lässt sich erst von diesem Punkt her alle Sorge und Angst, dass die geschenkte Freiheit ins Chaos führen, missbraucht, ja verraten werden könnte, in den Mut und die Freude aufheben:

> *„Noch manche Nacht wird fallen / auf Menschenleid und -schuld. / Doch wandert nun mit allen / der Stern der Gotteshuld. / Beglänzt von seinem Lichte, / hält euch kein Dunkel mehr; / von Gottes Angesichte / kam euch die Rettung her.*
> *Gott will im Dunkel wohnen / und hat es doch erhellt. Als wollte er belohnen, / so richtet er die Welt. Der sich den Erdkreis baute, / der läßt den Sünder nicht. / Wer hier dem Sohn vertraute, / kommt dort aus dem Gericht.“* *Jochen Klepper, Weihnachtslied, 27f*

SCHLUSS

IM GEBET DAS GESCHENK DER FREIHEIT ERFAHREN

Ist die Freiheit ein Geschenk? Das Ja, das als Antwort auf diese Frage am Anfang dieses Büchleins stand, ist vielleicht ein wenig fester und unbedingter geworden. Weil uns Fähigkeiten zur Verfügung stehen, die Orientierung schenken bei der Gestaltung dieser Freiheit: das Gewissen, die Suche nach Werten und Normen, der reife Umgang mit der Schuld. Mehr aber noch, weil die Beziehung zu Gott eine Sicherheit schenkt, welche wir uns bei unserem Bemühen um den verantwortungsvollen Umgang mit der Freiheit nicht selber garantieren können, aber auch nicht zu garantieren brauchen.

Deshalb schenkt sich für den christlichen Glauben die Hoffnung auf die realistische und menschliche Bewältigung des Lebens immer wieder neu im Gebet. Gebet, das meint eine Geste unseres Herzens, in der wir uns in einer unverstellten Weise selbst begegnen, weil wir zugleich die befreiende Nähe Gottes erfahren dürfen. Unser widersprüchliches Leben mit seinen faszinierenden Chancen, mit seiner reichen Tiefe und Fülle, aber auch mit seinen Zwängen und harten Konflikten, seinen aggressiven Verletzungen und unfassbaren Dunkelheiten kann in der Begegnung mit Gott eine ganz eigene Klarheit erfahren – eine Gelassenheit, die sich aus der Zuwendung Gottes gewährt.

Peter Wust, der Existenzphilosoph, hat diese Gelassenheit als eine Objektivität beschrieben, die einem den Blick freigibt auf den innersten Sinn des Lebens.

„Und wenn Sie mich nun noch fragen sollten … ob ich nicht einen Zauberschlüssel kenne, der einem das letzte Tor zur Weisheit des Lebens erschließen könne, dann würde ich Ihnen antworten: ‚Jawohl'. – Und zwar ist dieser Zauberschlüssel nicht die Reflexion, wie Sie es von einem Philosophen vielleicht erwarten möchten, sondern das Gebet. Das Gebet, als letzte Hingabe gefaßt, macht still, macht kindlich, macht objektiv. Ein Mensch wächst für mich in dem Maße immer tiefer hinein in den Raum der Humanität …, wie er zu beten imstande ist … Gebet kennzeichnet alle letzte ‚Humilitas' des Geistes."

Peter Wust, Ein Abschiedswort, 339f

Wenn man diese Erfahrung tiefer bedenkt, dann lässt es sich vielleicht so beschreiben: Der dichte Zusammenhang zwischen der inneren Gelassenheit und der Gotteserfahrung im Gebet macht das Gebet nicht einfach zu einem gezielten Mittel der seelischen Balance – etwa wie eine Droge. Wer das Gebet in diesem Sinne zu „gebrauchen" versucht, wird enttäuscht sein. Nur wer sich ganz von Gott erfassen lassen kann, wird die Kraft des Gebetes erfahren können: diese Mitte zwischen dem Wachsen meiner eigenen Stärke und der Ehrfurcht zugleich, zwischen Selbstbehauptung und Respekt vor meiner bleibenden Abhängigkeit, zwischen tatkräftiger Kreativität und vernünftiger Annahme meiner Grenzen.

Es ist zwar wichtig, dass aus dem Beten auch der Mut zum Einsatz für den Menschen und die Veränderung der Welt erwächst. Beten als bloßer Traum ist ohne Kraft und gibt letztlich auch Gott nicht wirklich Ehre, der ja dem Menschen das Leben ohne Last und Verlorenheit gönnt. Aber es ist eine bezeichnende Umkehrung der Beziehung, die den Kern des Gebetes ausmacht – die Offenheit für Gott, die die eigene Angewiesenheit und geschenkte Freiheit dem Herzen bewusst macht: ein „Gebrauch in der Anrede, in der der Sprechende sich selbst dem Gott, an den er sich in solcher Weise wendet, verdankt" (Richard Schaeffler, Das Gebet und das Argument. Zwei Weisen des Sprechens von Gott. Düsseldorf 1989, 170).

Die *empfangende* Offenheit für die Nähe Gottes hilft, das Vertrauen in unsere bedrängte, aber bleibende Freiheit nicht zu verlieren. Es ist die Offenheit für das wirklich unverfügbare Gegenüber Gottes, die mir auch das Vertrauen und eine feste Identität schenkt, die selbst da nicht verloren geht, wo das Leben kompliziert und dunkel wird.

Die Bibel erzählt vom Gebet gerade als diese offene Begegnung mit Gott. Das wichtigste Thema des Gebetes sind im Alten Testament „Gottes Großtaten in der Geschichte, wie die Berufung der Väter, die Herausführung aus Ägypten, der Bund vom Sinai, die Erwählung Zions und der Davidsdynastie, die Heimführung aus der Gefangenschaft", ja „das Lob Gottes, des Schöpfers und Chaossiegers" (Otto Wahl, Art.: Gebet. II. Biblisch-theologisch: 1. Altes Testament, in: LThK 4 [32006] 309f). Und im Neuen Testament nimmt die urchristliche Gemeinde Jesu Gebet auf und bringt mit ihren Worten die Nähe des Vaters zum Ausdruck. Im Gebet wird die Hoffnung auf die Vollendung des Friedens und Glücks ausgesprochen, welche in Jesu Leben, Sterben und Auferstehen begonnen haben.

So dient das Gebet keinen Zwecken, die man messen könnte. Sondern wir treten mit unserem ganzen Leben vor das Angesicht Gottes. Und daraus schenkt sich eine tiefe Gesammeltheit. Ja, aus der Erfahrung des Kreuzes Christi wird die widersprüchliche Wirklichkeit unseres Lebens, unsere Freiheit und Verantwortungsfähigkeit, aber auch unsere Schwäche und Begrenztheit versöhnt. Eine solche Erfahrung bringt die Gegensätze in eine spannungsreiche, aber sinnvolle Beziehung. Im christlichen Kreuzzeichen ist dieser Sinn des Gebetes geradezu verdichtet und in ein einziges Symbol gefasst: Wir dürfen uns über das Geschenk unserer Freiheit freuen, sie gebrauchen und voll entfalten! Zugleich müssen wir aber auch mit den Grenzen unserer Macht zurechtkommen. Gerade in dieser Reife findet das Geschenk der Freiheit eine letzte Tiefe und Bestätigung. Das Gebet macht es uns möglich, in der Begegnung mit Gott und dem gekreuzigten Christus das tiefe Geheimnis zu erfahren: dass die Freiheit an den Grenzen des Lebens nicht am Ende ist, sondern zur Macht in der Ohnmacht, zur Liebe werden kann.

„So sollt ihr beten: Unser Vater im Himmel, dein Name werde geheiligt, dein Reich komme, dein Wille geschehe wie im Himmel, so auf der Erde. Gib uns heute das Brot, das wir brauchen. Und erlass uns unsere Schulden, wie auch wir sie unseren Schuldnern erlassen haben. Und führe uns nicht in Versuchung, sondern rette uns vor dem Bösen." *Mt 6,9–13*

QUELLENVERZEICHNIS

Die Bibelstellen wurden nach der Einheitsübersetzung der Heiligen Schrift © Katholische Bibelanstalt, Stuttgart, zitiert.

Davon ausgenommen ist das Hohelied. Es wurde nach der revidierten Luther-Bibel von 1984 © Deutsche Bibelgesellschaft, Stuttgart, zitiert.

S. 42f: Die zwei Strophen des Gedichtes „Das Gewissen" stammen aus: Eugen Roth, Sämtliche Menschen © Hanser Verlag, München u. a. 1983.

S. 42f, 51: Friedrich Nietzsche, Menschliches, Allzumenschliches. Ein Buch für freie Geister, in: Ders., Werke in drei Bänden. Bd. I. Hg. v. Karl Schlechta. München ^{8}1977, 435–1008.

S. 47, 49: Immanuel Kant, Kritik der praktischen Vernunft, in: Kants Werke. Akademie-Textausgabe V. Berlin 1968, 1–163.

S. 50: Sigmund Freud, Studienausgabe. Bd. 1. Hg. v. Alexander Mitscherlich u. a. Frankfurt a. M. ^{12}1994.

S. 66f: Die zwei Strophen des Liedes „Ich steh vor dir mit leeren Händen" stammen von Huub Osterhuis (Original: Ik sta voor U in leegte en gemis) und wurden von Lothar Zenetti übertragen © Verlag Herder, Freiburg i. Br.

S. 77: Heribert Jone, Katholische Moraltheologie. Unter besonderer Berücksichtigung des Codex Iuris Canonici sowie des deutschen, österreichischen und schweizerischen Rechtes. Paderborn ^{16}1953.

S. 81f: Karl Rahner, Das Dynamische in der Kirche (QD 5), Freiburg i. Br. [3]1965.

S. 110: Das Weihnachtslied von Jochen Klepper ist aus dem Buch „Kyrie. Geistliche Lieder“ entnommen © Luther Verlag, Bielefeld.

Seite 112: Peter Wust, Ein Abschiedswort, in: Ders., Gesammelte Werke Bd. 7: Aufsätze und Briefe. Münster 1966, 336–340.

WEITERFÜHRENDE LITERATUR

Josef Römelt, Christliche Ethik in moderner Gesellschaft (Grundlagen Theologie). Bd. 1: Grundlagen; Bd. 2: Lebensbereiche. Verlag Herder, Freiburg i. Br. 2008/2009.